U0086010

書山有路勤為徑

學海無崖苦作舟

書山有路勤為徑
學海無崖苦作舟

文經閣

20幾歲定好位 30幾歲有地位

在35歲前與同儕拉開距離

姜文波◎著

20幾歲先耕耘，30幾歲早收穫；
20幾歲先人一小步，30幾歲先人一大步。

前 言

在35歲之前超越他人，是許多年輕人的夢想。而35歲這個年齡點，在某種程度上似乎也成為了人生的分界線。

找工作的時候，我們會發現招聘啟事裡大多數會有「35歲以下」這一條件。而縱觀社會上的成功人士，他們也多是在35歲之前完成了自己的資本積累並在自己的領域裡小有成就的。所以，35歲幾乎已經成為了界定一個人成功與否的關卡。「成功的一方」與「平庸的一方」在35歲的時候早已經涇渭分明。

而如何在35歲之前有所成就，超越他人呢？

有些人20幾歲的時候每天混日子，而立之年的時候仍然沒有多大成就，等到35歲的時候，已經漸漸習慣了自己平庸的生活，沒有了奮鬥的志向和精力，以至於一輩子都平平庸庸。的確，20幾歲時候的迷茫和頹廢，會造成今後10年、20年，乃至一輩子的平庸。如果不能夠在35歲之前走出迷霧、找到自己的奮鬥方向，那麼，也許你自己也會無顏面對35歲以後的自己了。

也有些人，他們在自己的人生旅途中早早的走到了別人前面。這些人在不斷超越別人的旅途中，有堅定的奮鬥方向指引、有堅實的發展平臺做後盾、有穩定的人脈關係推動成功、有敢於打破常規的勇氣、有優秀的專業才能、有吸引他人的人格魅力、有敢於嘗試未知事物的勇氣、有不斷自我更新的學習意識、有正確的做事方法和積極堅韌的態度，這一切因素都讓他們在人群中成功的脫穎而出，成為遙遙領先的佼佼者。

其實，生活中成功的機會無處不在。並不是只有那些滿腹經綸、才華橫溢的人才能把握住，只要你具有一般人的能力，為自己指定清晰明確的目標，藉由自己腳踏實地的努力和正確的方法，你也能夠抓住成功的機會，在奮鬥中超越別人。

印度有一句諺語：「播種行為，收穫習慣；播種習慣，收穫性格；播種性格，收穫命運。」人的命運雖不可選擇，卻不是既成的。人無法選擇自己的出身，也無力改變所處的環境，但人可以改變自己的思想和性格。起點可以影響結果，但不會最終決定結果。與其羨慕那些含著金鑰匙出生的富二代、官二代，不如透過自己的努力，成功的超越別人，最終獲得充實而卓越的人生。

本書寫給那些35歲之前的年輕人，也許你們正在奮鬥的旅途中迷茫，也許你已經明確了自己的方向，也許你在熟悉的領域內小有作為，也許你已經站到了成功的頂點。不管你的現狀如何，你都能從這本書中找到自己的提升空間。

20幾歲耕耘，30幾歲收穫；20幾歲先人一小步，30幾歲先人一大步。年輕人，一定要抓住35歲以前的時期，在爛漫蓬勃的青春年華裡，創造出屬於自己的成功。

·目 錄·

前言 ／7

第一章 20幾歲定好位，30幾歲有地位 ／17

01 你給自己的定位決定你的人生 18
02 別讓錯誤的定位在內心潛藏 21
03 認識諸世間，更要認識你自己 24
04 在觸碰世界之前，先端詳自己 27
05 最適合的才是最好的 30
06 人生的最大財富就是做你自己 33
07 沒有方向是最大的恐懼 35
08 人生需要明確的目標 38
09 別只挖掘天賦，還要造就天賦 41
10 找到自己與成功最近的匹配點 44
11 經營自己的優勢 47
12 最佳的定位指導——興趣 50
13 把自己定位成「社會人」 53
14 過分特立獨行是種危險 56

第二章 20幾歲開始儲存人脈存摺 ／61

15 盡早儲存自己的人脈存摺 62
16 使用金錢是對人脈的必要投資 65
17 開放社交半徑，攀上你想認識的人 69
18 在圈子中安身立命 72
19 用四句格言建構社會關係 75
20 間接人物也有直接關係 79
21 貢獻價值，成為被依賴的人 81
22 扮演別人需要的角色 85
23 多交幾個獵頭朋友 88
24 結交自己行業以外的人脈 90
25 抓住關鍵性關係 93
26 互換人脈，越分享越多 97

第三章 20幾歲跟對人，30幾歲做對事 ／101

27 寧可拜錯神，不可跟錯人 102
28 挑好教練：面試你的老闆 105
29 職場成功，自己摸索不如尋找領路人 110
30 高瞻遠矚的老闆值得跟 112

31 信守承諾的老闆值得跟 114
32 正直大度的老闆值得跟 116
33 事必躬親的老闆不能跟 119
34 過河拆橋的老闆不能跟 122
35 心胸狹窄的老闆不能跟 124
36 以老闆為榜樣，是老闆更是老師 127
37 良師益友受益一生 129
38 找到你的奧運教練 133
39 選對朋友，離成功更近點 136
40 借助貴人力量，讓成功來得更快 139
41 找一個對手激發潛能 142

第四章 20幾歲開始懂點人情世故 ／147

42 放下清高，多點入世心態 148
43 20幾歲學會世俗，才不會在30歲後悔 151
44 做看得清的事，儲看不清的情 154
45 以低姿態贏取人心 157
46 念好糊塗經 160
47 把方裝在肚子裡，把圓體現在表面上 163
48 主動讓對方佔點便宜 166

49 明白面子的學問 169
50 學會製造馬屁效果 172
51 背後讚美效果更佳 176
52 適當回饋別人的幫助 179
53 在失意人面前不說自己的得意事 182
54 爭一步不如退一步 186

第五章 35歲前不要循規蹈矩 ／191

55 成功者往往都是離經叛道的人 192
56 成功就是走少有人走的路 195
57 勝利有時候需要反其道而行 199
58 別怕做白米飯上的黑芝麻 201
59 能成為海盜，何須加入海軍 205
60 高學歷不是成功的代名詞 208
61 首先，打破一切常規 212
62 打破沉悶的生活模式 214
63 兩思而後行才是明智之舉 216
64 退也是一種進取策略 219
65 經驗少也是優勢 221

66 常理並非真理 224
67 有時候不妨相信你的直覺 227
68 增加自己的「時尚細胞」 230

第六章 30歲後用饑餓感處事／235

69 時刻準備著獲取新的資訊 236
70 30幾歲要保持空杯心態 239
71 不滿現狀的人才有進步空間 243
72 定期自我更新 246
73 不斷學習是長遠發展的不二法門 249
74 進取心是不竭的動力 251
75 真正的進步是比別人進步得更快 255
76 時刻保持危機感 258
77 爭取每一次進修的機會 261
78 制定更高的目標 264
79 做攀登型人才 266
80 給夢想增加幾分迫切感 269
81 承認自己的無知 274
82 時刻保持危機感 278

第一章

20幾歲定好位
30幾歲有地位

01 你給自己的定位決定你的人生

定位概念最初由美國行銷專家里斯和屈特於1969年提出，即商品和品牌要在潛在的消費者心中佔有位置，企業經營才會成功。隨後，定位外延擴大，大至國家、企業，小至個人、工作等，均存在定位的問題，事關成敗興衰。

定位是對自己的一種期盼與要求，一個人能否給自己正確定位，將決定其一生成就的大小。志在頂峰的人不會落在平地，甘心做奴隸的人永遠也不會成為主人。可以這樣言不為過的說：我們對自己的定位，將決定著我們三年後、十年後甚至幾十年後的生活狀態和人生境界。

相信大家都聽過這樣一個笑話。有三個人要被關進監獄三年，監獄長滿足了他們一人一個要求。A愛抽雪茄，要了三箱雪茄；B最浪漫，要了一個美麗的女子相伴；而C說，他要一部能與外界溝通的電話。三年過後，第一個衝出來的是A，嘴裡鼻孔裡塞滿了雪茄，大喊道：

「給我火，給我火！」原來他忘了要火柴。接著出來的是B，只見他手裡抱著一個小孩子，美麗女子手裡牽著一個小孩子，肚子裡還懷著第三個。最後出來的是C，他緊緊握住監獄長的手說：「這三年來我每天與外界聯繫，我的生意不但沒有停頓，反而增長了200％，為了表示感謝，我送你一輛勞斯萊斯！」

同樣境遇的三個人，就因為三種不同的選擇或者說定位，在三年後有了迥然不同的人生，我們可以說，什麼樣的選擇決定什麼樣的生活，但我們應該更確切地說，是什麼樣的定位決定了什麼樣的人生。在這個故事裡，三人出獄後的生活其實是由三年前他們的選擇決定的，同樣的，今天我們對自己的定位也將決定著我們三年後、十年後甚至幾十年後的生活狀態和人生境界。

還有另外一個值得我們思考的故事：

很多年前，巴尼斯從紐澤西州的奧倫芝的貨運列車上爬下來時，看上去就像一名無業遊民一樣，但是誰知道這個「無業遊民」的心中懷著怎樣的志向呢！

他從車站徑直奔向愛迪生的辦公室，在這短短的一路上，他不斷地想像自己站在愛迪生面前，聽見自己要求愛迪生給他一個機會，以實現他一生著了迷似的熾烈欲望——要做這位偉大發明家的商業夥伴。

很明顯，巴尼斯的想法並不是一個單純的希望，也不是一種祈求，而是一種強烈跳躍的欲望；它是那麼明確，甚至凌駕於一切之上。

前往奧倫芝時，他沒有對自己說：「我要勸說愛迪生隨便給我一個工作。」他想的是：「我要見愛迪生，並且告訴他，我來是要做他事業上的夥伴的。」他也沒有想：「我要睜大眼睛注視著另一個機會，以防在愛迪生的企業中得不到我所要的工作。」他只告訴自己：「在這個世界中只有一樣東西是我決心要得到的，那便是和愛迪生在事業上的合作。我要把我的整個前途投注在我的能力上，去獲得我所要的東西。」

他不給自己留下一點點後路。他必須成功，否則便是毀滅。這就是巴尼斯成功的全部方法。

換句話說，巴尼斯在正式成為愛迪生的合夥人之前前就已經有了明確的人生定位——那就是成為像愛迪生那樣的成功人士。他不認為自己一定要從基層開始做起，雖然在現實中他還只是一個小職員，但在思想上他已經是一個國王了。

如果你像巴尼斯一樣，有一個很遠大的抱負，並且抱著必勝的信念全力以赴，一般來說，你就會在同樣的情況下比那些沒有這樣遠大抱負的人更輕易地接近成功。因為你知道這些都是攀向人生峰頂所必須經歷的磨練，你對自己也有一個相對較高的自我認識，不會以他人的評價為基調，會堅定地走自己的路。

在現實生活中，很多人的天賦和潛能都因為缺乏定位或定位較低而終生都沒有機會發揮出來，到頭來，他們只能把這一切歸結為運氣或者其他，卻沒有意識到，在一開始，他們就輸給了那些有明確定位並且堅持不懈的人。

02 別讓錯誤的定位在內心潛藏

每一個人都有自己的自我定位，但是在現實生活中，很多人並沒有意識到這一點，他們往往都忽略了定位的重要性。為什麼會這樣呢？因為定位常常深深地埋藏在我們的潛意識裡。你是否有過這樣的體驗：為了實現目標，自己付出了極大的努力，但是收穫到的卻少得可憐，內在的原因就在於我們潛意識中的自我定位與我們的目標是背離的，這種不相符極大地削弱和降低了我們所付出的努力。

如果你將自己定位為一名基層員工，那麼你的潛意識就會阻止你成為一名領導者，因為它不符合你的內心定位。

如果你認為自己是一個「不討人喜歡的人」，那麼當有人對你說：「你很可愛」的時候，你會認為他在說謊或者在諷刺你而將那人拒於千里之外。

如果你將自己定位於「窮人」，結果也可想而知，那將會不自覺地削弱你的賺錢動機和能力，讓你錯失良機。

張靜，一個30歲的律師，在他的律師職業生涯中，他並沒有做出很好的成績。經過一段時間的自我反省，他發現，其實在他的內心深處，他一直把自己看作是一個服務生，因為在大學期間，他曾經勤工儉學，在校外的餐廳做過兩年的服務生。在張靜用「職業律師」替換了「服務生」的定位後，他的工作很快就有了明顯進步。

王菲菲，某廣告公司駐美國媒體代表，當她剛剛被公司派往美國時，為了結合一些新客戶，她很想加入一家高級網球俱樂部。然而，她潛意識中的一些消極想法使她一開始並沒能如願。她心中總是想著：「你的網球水準一般；你閒置時間很少；沒有人會願意和你打網球。」實際上，這些負面想法只是藉口。當王菲菲逐漸認識到，是她潛藏的陳舊的自我定位影響了自己——一名剛剛進去職場兩年的普通女孩，參加一個富人雲集的俱樂部顯然是不合時宜的。好在，她及時調整了自己的心態，更換了自我定位：一名敢闖敢拚的美麗中國女孩。有了這種定位，她如願以償地加入了網球俱樂部，並且結識了不少俱樂部裡的會員，有的成為了她的客戶，有的則成為了她很好的朋友。

張靜和王菲菲過時的自我定位給他們的工作和生活帶來了困惑，而宋蘭，卻因為對自己過低的自我定位而影響到了她的人際關係。

宋蘭是一位24歲剛剛大學畢業的女孩，從小生活在單親家庭中的她，形成了孤僻、敏感的性格。她和同事的關係不是很好，但其實她很希望與周圍的同事建立一種和諧的關係，但糟糕的現狀使她認定自己是一個不討人喜歡的女人。她決定重新定位自己，她每天都告訴自己「我是一個美麗、聰穎、自信的妙齡女郎」。重新定位後的宋蘭，不久就與她的同事建立了良好的人際關係，並且憑藉自己的才華，還成為了公司的活躍分子。

你可以長時間賣力工作，創意十足，聰明睿智，才華橫溢，屢有洞見，甚至好運連連——可是，如果你無法在創造過程中給自己準確定位，不知道自己的方向在哪裡，一切都會徒勞無功。

無數的事例告訴我們，當一個錯誤的、過時的自我定位在你內心潛藏的時候，會影響你走向成功。及時更新你的定位，使它與你的奮鬥目標相一致，是決定你人生走向的關鍵因素。

可以這麼說，如果定位不正確，你的人生就會像失去指南針一樣迷茫，有時甚至會發生南轅北轍的事；而準確的人生定位，不但能幫助你找到合適的道路，更能縮短你與成功的距離；而一個高的定位，就像一股強烈的助推力，能幫助你節節攀升，更快地與別人拉開距離，開創更大範圍的成功。

03 認識諸世間，更要認識你自己

尼采曾經說過：「聰明的人只要能認識自己，便什麼也不會失去。」正確認識自己，才能充滿自信，才能使人生的航船不迷失方向。正確為自己定位，才能正確確定人生的奮鬥目標。有了正確的人生目標，自己才會變得更加卓越。

禪院裡來了一個小和尚，年紀輕輕，但是人很聰明勤快，他希望能夠盡快地有所覺悟，於是常常去找智閑禪師，誠懇地向禪師請教：「師父，我剛來到禪院，不知道應該做些什麼才能更快地有所悟，請師父指點一二。」

智閑禪師看到他誠懇的表情，微笑著說：「既然你剛剛來這裡，一定還不熟悉禪院裡的師父和師兄們，你先去認識一下他們吧。」

小和尚聽從了禪師的指教，接下來的幾日裡除了日常的勞作以及參禪，都積極地去結識其他的僧人們。幾天之後他又找到智閑禪師，說：「師父，禪院裡的其他禪師和師兄們我都已經認識過了，接下來呢？」

智閑禪師看了他一眼，說：「後院菜園裡的了元師兄你見過了嗎？」

小和尚默默地低下了頭。

智閑禪師說：「還是有遺漏啊，再去認識和瞭解吧！」

又過了幾天，小和尚再次來見智閑禪師，充滿信心地說：「師父，這次我終於把禪院裡的僧人都認識了，請您教我一些其他的事情吧！」

智閑禪師走到小沙彌身邊，氣定神閒地說：「還有一個人你沒有認識，而且這個人對你來說，特別的重要！」

小沙彌帶有疑惑的走出智閑禪師的禪房，一個人一個人地去詢問，一間房一間房地去找那個對自己很重要的人，可是始終沒有找到。甚至在深夜裡，他也一個人躺在床上思考：到底這個人是誰呢？

過了很久，小沙彌始終找不到對自己很重要的那個人，但是也不敢再去問禪師。打坐完後的一天下午，他正準備燒水做飯，挑水的時候正好有一口井，在水面上他突然看見了自己的身影。他頓時明白了智閑禪師讓他尋找的那個人，原來就是自己！

有個人，離自己很近也很遠，很親也很疏，很容易想起也很容易忘記，這個人就是我們自己。其實我們很多人都像這個小和尚一樣，好奇地打量著外部的世界，積極地探索著這個世界中的未知，但是卻忽視了自己，連自己都沒有真正認識的人如何去瞭解這個世界呢？

紀伯倫在其作品裡講了一隻狐狸覓食的故事：

狐狸欣賞著自己在晨曦中的身影說：「今天我要用一隻駱駝做午餐！」整個上午，牠奔波著尋找駱駝。但當正午的太陽照在牠的頭頂時，牠再次看了一眼自己的身影，於是說：「一隻老鼠也就夠了。」

狐狸之所以犯了兩次截然不同的錯誤，與牠選擇「晨曦」和「正午的陽光」作為鏡子有關。晨曦不負責任地拉長了牠的身影，使牠錯誤地認為自己就是萬獸之王，並且力大無窮無所不能，而正午的陽光又讓牠對著自己已縮小了的身影忍不住妄自菲薄。

不能很好地認識自己的人，千萬別忘記了上帝為我們準備了另外一面鏡子，這面鏡子就是「反躬自省」四個字，它可以映射出落在心靈上的塵埃，提醒我們「時時勤拂拭」，使我們認識真實的自己。

世界上沒有兩片完全相同的樹葉，人也一樣，每個人都是上帝的寵兒。正確認識自己，既看到自己的長處，也認識到自己的不足，給自己正確定位，這樣才能自信地去迎接機遇和挑戰，給自己創造更多的成功和歡樂。在現實生活中，只有認清了自己，知道了自己有什麼缺點需要改正，有什麼優點需要保持，才能知道自己可以做什麼事情，不可以做什麼事情。這樣，才能在由知轉行的過程中走得更穩。

04 在觸碰世界之前，先端詳自己

想要有所成就之前，我們總是急於進入紛繁的世界想在其中找到自己的位置，但我們在觸碰世界之前，總是忘記先好好審視自己。我們忘記喚醒體內沉睡的潛能。這就好比一位鐵匠在打造鐵塊之前，事先沒有對鐵塊進行研究，並不瞭解這塊鐵的特性，這樣的鐵匠無法將鐵塊打造成一件適合其特性的工具，無法發揮這塊鐵的最大價值。在你身上擁有鑽石寶藏，這些「鑽石」足以使你的理想變成現實，在你開始打造你的人生之前，請先好好端詳自己，一定是有什麼你獨有而別人沒有的，一定有什麼是只有你能做好而別人做不好的。把握了自己，你才會發現你身體裡的鑽石寶藏，才能夠成為自己生活的主宰。

黃美廉，一個從小就得了腦性麻痹的殘疾者。腦性麻痹奪去了她肢體的平衡感，也奪走了她發聲講話的能力。從小她就活在諸多肢體不便及眾多異樣的眼光中，她的成長充滿了血淚。然而這些外在的痛苦並沒有擊敗她內在奮鬥的精神，她昂首面對，迎向一切不可能，終於獲得了加州大學藝術博士學位。她用她的手當畫筆，以色彩告訴他人「寰宇之力與美」，並且燦爛地「活出生命的色彩」。

站在臺上，她不時地揮舞著她的雙手；仰著頭，脖子伸得好長好長，與她尖尖的下巴扯成一條直線；她的嘴張著、眼睛瞇成一條線、扭曲地看著台下的學生；偶爾她口中也會咿咿呀呀的，不知在說些什麼。她基本上是一個不會說話的人，但是，她的聽力很好，只要你猜中或說出她的意見，她就會樂得大叫一聲，伸出右手，用兩個指頭指著你，或者拍著手，歪歪斜斜地向你走來，送給你一張用她的畫製作的明信片。

「黃博士，」一個學生問她，「你從小就長成這個樣子，請問你怎麼看你自己？你都沒有怨恨嗎？」

「我怎麼看自己？」美廉用粉筆在黑板上重重地寫下這幾個字，字很深很重，有力透紙背的氣勢。寫完這個問題，她停下筆來，歪著頭，回頭看著發問的同學，然後嫣然一笑，回過頭來，在黑板上龍飛鳳舞地寫了起來：

1．我會畫畫！我會寫稿！

2．我的腿很長很美！

3．爸爸媽媽這麼愛我！

4．我好可愛！

5．上帝這麼愛我！

6．我有隻可愛的貓！

……

所有聽到她這麼說的人都沉默了，面對眾人的沉默，她在黑板上寫下了她的結論：「我只看我所有的，不看我所沒有的。」

或許，在別人眼裡，黃美廉有很多缺陷，但她並沒有因此而自我否定，在進入世界之前，她發現了自己美好的一面。我們可以像黃美廉那樣，端詳自己值得欣賞的地方，誠實面對自己。試著給自己找個清幽寧靜之所，細心端詳自己，誠實面對自己，問自己幾個問題：

1. 我如何尋求更多的機會？

2. 我的劣勢或者不足之處在哪裡？

3. 我現在還可以掌握哪些機會？

4. 我當前已經擁有了哪些優勢和資源？

5. 我現在正面臨哪些威脅？

6. 未來還有可能出現哪些威脅？

寫出這些問題的答案，寫得越多越詳細，你將越清楚地明白自己的追求在何方；接著用一些正面的形容詞形容自己，有洞察力的、有自信的、外向的、有說服力的、有抱負的、精確的、有決斷力的、有勇氣的、勤奮的、鍥而不捨……諸如此類，以確定自己的個性特徵。我們必須明白，對自己的評價將大大影響我們日後的成功，越能真正瞭解自己的人，越能激發自己最大的價值，從而超越別人。

05 最適合的才是最好的

很多時候，20幾歲的年輕人都在追求最好的，也常常因為得不到而徒生不快，但擁有最好的真的就開心嗎？那麼，為什麼一些人在別人看來什麼都擁有，而且都是最好的時，卻不開心呢？

有一隻城裡老鼠和一隻鄉下老鼠是好朋友。有一天，鄉下老鼠請城裡老鼠來家裡吃東西。

城裡老鼠心裡嘀咕鄉下食物的口味是什麼樣的呢？於是立刻動身去鄉下了。鄉下老鼠看到城裡老鼠真的來了，特別高興，牠把城裡老鼠引到穀倉去，那裡堆滿稻穀、地瓜，還有花生。

鄉下老鼠對城裡老鼠說：「城裡朋友，不要客氣，盡情地吃，東西多著呢！」可是城裡老鼠見到這些食物一點胃口都沒有。

鄉下老鼠還以為城裡老鼠客氣，於是抓了一把花生給城裡老鼠，說：「朋友，這些花生味道特別好，唉，你不要這樣客氣嘛！」

城裡老鼠覺得這些東西一點都不好吃，勉強吃了一些，最後只好對鄉下老鼠說：「我實在吃不下去，你們這裡的東西太粗糙了。這樣吧，改天你也到城裡去，我讓你嘗嘗美味可口的食物。」

鄉下老鼠也想開開眼界，且特別嚮往城裡食物的口味，於是沒過幾天就來到城裡老鼠的住處。城裡老鼠見到鄉下朋友果真來了，可高興了，牠把鄉下老鼠引到廚房去。哇，這裡東西可豐富了，有蛋糕、汽水、蘋果、香腸、蜂蜜，還有雞、鴨、魚、肉等，看得鄉下老鼠口水直流。

牠們正要享用時，一個人走進廚房，牠們連忙嚇得躲進洞裡，不一會兒那個人走出廚房。哪知牠們剛剛鑽出來，「喵——喵——」一隻貓突然出現，嚇得牠們再度躲起來。

鄉下老鼠膽戰心驚，既怕又餓，最後，牠長嘆一聲：「唉！朋友，吃東西這樣擔驚受怕，實在划不來。我們鄉下東西雖然粗糙點，倒是悠閒自在，我現在就回去，朋友，若不嫌棄，歡迎到鄉下來玩！」

鄉下的老鼠見到美味的食物時，難免會羨慕和自卑，但是發現擁有這些美食的代價是每天擔驚受怕。後來，牠明白了：不是所有好的東西都可以承受的，只有合適自己的才是最好的。

人也一樣，守著自己的東西，卻總覺得別人擁有的比自己的好，於是羨慕、嫉妒、抱怨……各種各樣的情緒都產生了。終有一天，你幸運地享受到了以前讓你魂牽夢縈的「美好」，才發現別人的鞋穿在自己腳上，不一定合適。回頭看看自己的，其實也並非那麼的不堪入目。

那些看起來很好的東西，到你用的時候不見得會很好，就如談戀愛都想找漂亮、氣質好、人品好、家庭出身好的戀人，但交往了一段時間卻發現，條件好的情侶未必是自己的最佳選擇。最後能和自己走到一起的還是彼此情投意合、有共同語言、脾氣性格符合自己的。所以說，不考慮自己實際的需求，盲目追求高、大、全，結果反而是得不償失。

在人生的旅途中，*20*幾歲的年輕人不要被途中的花花草草迷住了雙眼，只有找到最適合自己的，才是最重要的。

06 人生的最大財富就是做你自己

既然所有的藝術都是一種自我的體現，那麼，我們只能唱自己、畫自己、做自己，不管好壞；我們只要好好經營自己的小花園，也不論好壞；我們也只要在生命的管弦樂中演奏好屬於自己的樂器。

著名世界影星蘇菲亞羅蘭第一次踏入電影圈試鏡時，攝影師抱怨她那異乎尋常的容貌，認為她的顴骨、鼻子太突出，嘴也太大，應當先去整容一下再試鏡。她卻說：「我不打算削平顴骨、換個鼻子和嘴巴，儘管你們攝影師不喜歡燈光照在我臉上的樣子。要解決這個問題，不是我去整容，而是你們要好好琢磨琢磨應當怎樣給我拍照。我認為，如果我看起來與眾不同，這是件好事。我的臉長得不漂亮，但長得很有特色。」這就是自信自愛、特立獨行。

只要按照自己的道路走，總有一天你會明白：模仿他人無異於自殺。因為不論好壞，人只有自己才能幫助自己，只有耕種自己的田地，才能收穫自家的玉米。上天賦予你的能力是獨一無二的，只有當你自己努力嘗試和運用時，才知道這份能力到底是什麼。

我們最大的局限在於我們的短視，而我們的短視在於無法發現自己的優點。美國哲學家與心理學家威廉·詹姆斯這樣認為：「跟我們應該做到的相比較，我們等於只做了一半。我們對於身心兩方面的能力，只用了很小一部分，一般人大約只發展了10%的潛在能力。一個人等於只活在他體內有限空間中的一部分。他具有各種能力，卻不知道怎樣利用。」

那麼，一般人是怎樣做的呢？他習慣用與別人的對比來發現自己的優缺點，這固然是一種好方法，但往往受主觀意識影響太大。他會很快發現，自己在某方面與別人差距甚大，因此他會非常羨慕那個人。羨慕會導致無知的模仿，導致無謂的妒忌，或者受到激勵般地向更高境界攀升，但最後一種情況畢竟所佔比例甚小，而前面兩種情況都容易導致自信心的喪失以及由此引發憂鬱。

如果我們一味地模仿他人，只會失掉我們身上原本獨具的特色。而模仿者總是很難超越被模仿者，所以如果真的想要依靠模仿取勝，就只能以失敗告終。

其實，我們自身就有無窮的寶藏，何不快樂地保持自己的本色呢？所有的美麗均來自我們身上的特有氣質，而非效仿的味道。試想，如果天下的男女都是一樣的氣質，毫無特點，那麼這個世界再也不會擁有那麼多獨特的個體，我們生活的時空也會因為過於單一而失去了它原來所擁有的色彩。

07 沒有方向是最大的恐懼

有效的行動來自於正確的努力，如果方向不正確，事情就會與設想的背道而馳，只有一開始就將力道用對，我們的行動才能產生最大的效能。人生並不是什麼時候都需要堅強的毅力，毅力和堅持只在正確的方向下才會有用。在必敗的領域，毅力和堅持只會讓人南轅北轍，輸得更慘。大多數情況下，人更需要的是分辨方向的智慧。很多時候我們已經很努力，可是成績並不可觀，這就是走錯了方向。所以，我們在做事之前一定要選對方向。

比塞爾是西撒哈拉沙漠中的一顆明珠，每年有數以萬計的旅遊者來到這兒。可是在肯・萊文發現它之前，這裡還是一個封閉而落後的地方。這兒沒有一個人走出過大漠，據說不是他們不願離開這塊貧瘠的土地，而是嘗試過很多次都沒有走出去。

肯・萊文當然不相信這種說法。他用手語向這兒的人問原因，結果每個人的回答都一樣：從這兒無論向哪個方向走，最後都還是轉回出發的地方。

比塞爾人為什麼走不出來呢?肯・萊文非常納悶，最後他只得雇一個比塞爾人，讓他帶路，看看到底是為什麼。他們帶了半個月的水，牽了兩隻駱駝，肯・萊文收起指南針等現代設備，只拄著一根木棍跟在後面。

*10*天過去了，他們走了大約八百英里的路程，第*11*天的早晨，他們果然又回到了比塞爾。這一次肯・萊文終於明白了，比塞爾人之所以走不出大漠，是因為他們根本就不認識北斗星。

在一望無際的沙漠裡，一個人如果只憑著感覺往前走，他會走出許多大小不一的圓圈，最後的足跡十有八九是一把捲尺的形狀。比塞爾村處在浩瀚的沙漠中間，方圓上千公里沒有一點參照物，若不認識北斗星，又沒有指南針，想走出沙漠，確實是不可能的。

肯・萊文在離開比塞爾時，帶了一位叫阿古特爾的青年，就是上次和他合作的人。他告訴這個年輕人，只要你白天休息，夜晚朝著北面那顆星走，就能走出沙漠。阿古特爾照著去做，三天之後果然來到了大漠的邊緣。阿古特爾因此成為比塞爾的開拓者，他的銅像被豎在小城的中央。銅像的底座上刻著一行字：**新生活是從選定方向開始的**。

「沒有比漫無目的地徘徊更令人無法忍受的了。」這是荷馬史詩《奧德賽》中的一句至理名言。高爾夫球教練也總是說：「方向是最重要的。」

其實，人生何嘗不是如此。然而在現實生活中，有很多的人都做著毫無方向的事情，過著漫無目的的生活。這種沒有方向的人生注定是失敗的人生。

看樹插秧，向著標竿直跑，才能以最快的速度到達終點。

如果你發現自己現在所走的路並不適合自己，就要趕緊調整前進的方向，不要擔心來不及，如果你一直有這樣的顧慮，那才真正喪失了大好的時機。當你確實發現自己真的走錯了方向時，最好先靜下來想一想，然後再去努力尋找新的機會，並在新的領域裡重新開始，立志有所作為。**要知道當你找到了前進的方向，世界便也為你讓路**，而那種明知自己走錯了路，又前怕狼後怕虎的人，只能是徒自空嘆，虛度一生！

偉大的精神信條可以指引自己走向輝煌，這點毋庸置疑，很多成功人士就是靠著強大的精神信念，加之勤奮努力，為這個世界做出了不可磨滅的貢獻。生活就像是一條路，一眼望不到盡頭，走著走著你就會疲憊。聰明的人為自己找到一根標竿，看著遠處的標竿就永遠不會迷失方向。然而有些人，糊裡糊塗地沒有方向和目標，在意識流中迷失了自我，找不到正確的方向，誤入歧途。

生活之路彎路多，找對方向才是發揮自己勇敢精神的正確歸宿。找對方向僅僅依靠一個人的力量是不夠的，身邊很多人都可以成為你人生之路上的良師益友，彼此互相幫助，才能以更快的速度朝著正確目標前進，才能突破重重困難迎來新的太陽。

一粒種子的方向是衝出土壤，尋找陽光，而根的方向是伸向土層，汲取更多的水分。人生亦如此，正確的方向讓我們事半功倍，而錯誤的方向會讓我們誤入歧途，甚至誤人一生。所以在人生路上，千萬別走錯方向。

08 人生需要明確的目標

人的一生，要想走向成功，必須有自己的目標，如果沒有目標，便猶如大海上沒有舵的帆船或看不到燈塔的航船，就會在暴風雨裡茫然不知所措，以致迷失方向。無論怎樣奮力航行，終究無法到達彼岸，甚至船破舟沉。

現實生活中有一種人，天資聰慧，後天又接受了良好的家庭薰陶和學校教育，但忙碌一生卻一事無成，這樣的「懷才不遇」不得不令人困惑。其實他們難以成功的原因也很簡單：因為他們沒有目標，導致人生的航船迷失了方向，所有的才華也都沒有了發揮的空間和管道。

古羅馬哲學家塞涅卡有句名言說：「如果一個人活著不知道他要駛向哪個碼頭，那麼任何風都不會是順風。有人活著沒有任何目標，他們在世間行走，就像河中的一棵小草，他們不是行走，而是隨波逐流。」

在生活的海洋中，要想做一個成功的舵手，首先必須確立明確的人生目標。人生沒有明確的目標，生活就會盲目漂移，做事就沒有方向感，從而敷衍了事，臨時湊合，也就失去責任感。沒有目標，英雄便無用武之地。

有一個25歲的小夥子，大學期間表現一直非常優秀，他成績優異，同時又具有很強的組織能力，人際關係也不錯，但是大學畢業之後他換了好幾份工作，對自己的生活依然很不滿意，於是他跑來向管理大師柯維諮詢。他期待能找到一份稱心如意的工作，改善自己的生活處境。

「那麼，你到底想做點什麼呢？」柯維問。

「我也說不太清楚，」年輕人猶豫不決地說，「我還從沒有考慮過這個問題。我只知道我的目標不是現在的這個樣子。」

「那麼你的愛好和特長是什麼呢？」柯維接著問，「對於你來說，最重要的是什麼？」

「我也不知道，」年輕人回答說，「這一點我也沒有仔細考慮過。」

「如果讓你選擇，你想做什麼呢？你真正想做的是什麼？」柯維對這個話題窮追不捨。

「我真的說不準，」年輕人困惑地說，「我真的不知道我究竟喜歡什麼，我從沒有仔細考慮這個問題，我想我確實應該好好考慮考慮了。」

「那麼，你看看這裡吧，」柯維說，「你想離開你現在所在的位置，到其他地方去。但是，你不知道你想去哪裡，你不知道你喜歡做什麼，也不知道你到底能做什麼。如果你真的想做點什麼的話，那麼，現在你必須拿定主意。」

柯維和年輕人一起進行了徹底的分析。柯維對這個年輕人的能力進行了測試，他發現這個年輕人對自己所具備的才能並沒有充分的瞭解。柯維知道，對每一個人來說，才能是不可缺少的，但更重要的是施展才能的空間，然而只有明確了奮鬥目標，才知道自己要朝著哪個方向努力。

接下來，柯維幫助這個年輕人認真分析了他的優勢和缺點，然後啟迪他去發現自己的人生理想，並幫他制訂了詳盡的工作計畫。這位年輕人滿懷信心踏上了成功的征途。現在，他已經知道他到底想幹什麼，知道他應該怎麼做。他懂得怎樣才能事半功倍，他期待著收穫，他也一定能獲得成功——因為沒有什麼困難能擋住他對實現目標的渴望。

目標引領人生，沒有目標的人生是可悲的，時光只會在漫不經心中白白流逝，即使你擁有令人仰望的才華，即使你一天到晚忙得滿頭大汗，但如果不知道自己的終點在何方，那麼你所有的忙碌都只是虛度，滿腹才華也不會有用武之地，到最後你仍然會一無所成而受人憐憫。因此，我們每個人都需要給自己樹立一個目標。

09 別只挖掘天賦，還要造就天賦

要想聲名顯赫，必須兼有實力與實幹精神。有實幹精神的平庸之輩比無實幹精神的高明之輩更有成就。造詣與資質都是人們需要的，但得有實幹精神相助，二者才能盡善盡美。不僅如此，人們既要能幹，也要知道怎樣展示自己的專長。

那些想要有成就的人，實幹精神即他們的人生信條。因為他們知道，單純地擁有天賦和想像力，而不去設身處地為之，成就不會光顧他們。實幹正是展現一個人能力和實力的方法，也是人們成功的必經之路。

英國有一個叫佛蘭克的青年，從小立志創辦雜誌。一天，佛蘭克看見一個人打開一包紙菸，從中抽出一張紙片，隨即把它扔到地上。佛蘭克彎下腰，拾起這張紙片，那上面印著一個著名女演員的照片。在這幅照片下面印有一句話：這是整套照片中的一幅。

菸草公司獎勵買菸者收集一套照片，以此作為香菸的促銷手段。佛蘭克把這個紙片翻過來，注意到它的背面竟然完全空白。佛蘭克感到這其中有一個機會，他推斷：如果把附裝在菸盒子裡的印有照片的紙片充分利用起來，在它空白的那一面印上照片上的人物小傳，這種照片的價值就可大大提高。

於是，佛蘭克就找到印刷這種紙菸附件的平板畫公司，向這個公司的經理推薦他的主意，最終被經理採納。這就是佛蘭克最早的寫作任務。後來，他的小傳的需要量與日俱增，他不得不請人幫忙。他於是要求他的弟弟幫忙，並付給每篇5美元的報酬。不久，佛蘭克又請了5名報社編輯幫忙寫作小傳，以供應平板畫印刷廠。最後，他如願以償地成了一家著名雜誌的主編。

如果佛蘭克缺乏聯想能力，那麼卡片到他的手中就成了廢紙；如果佛蘭克單純地想像在卡片背後附上人物的經歷，而不去找印刷工廠提供自己的創意，那麼佛蘭克也不可能成功。生活有時給了你很多機遇，自然給了你造詣和天賦，但是如果你不懂得付諸行動來展現你的才幹，失敗的惡魔已經追隨在你的身後，等著你掉入它的深淵。一個偉大的人不但會挖掘自己的天賦，更會透過努力與實幹造就天賦，這也是他們能夠超越他人的秘訣。

但是，有時候，聰明才智往往會給人錯覺，讓人以為勤奮和實幹對有天賦的人來說是無用的，而有許多人就是在擁有這種觀念後止步不前。人們常常以為天才可以不費吹灰之力就成為一個成大事者，甚至認為他們不需要刻苦和謹慎，就能取得顯著成績。這完全是一種謬誤。被稱為股神的巴菲特，在金融市場裡所向披靡，但是他也有犯錯的時候，他對股票市場始終心存敬畏，無時無刻不在觀察著日常的變動，絲毫不敢怠慢。上天賦予他聰穎的智慧和對股票的敏銳觀察力，而他全身心地投入事業當中，才成就了今日的股神。

「我實際上比任何一位在田野裡耕耘的農夫都更苦更累。」英國畫家密萊斯說。他作畫的時候總是達到忘我的境界。當他提到年輕人的時候，他說：「我對所有年輕人的忠告是：『去工作吧！』不可能人人都是天才，但是人人都能工作。不工作的人，即使天賦再高、絕頂聰明，也無法創造輝煌。」沒有艱辛就沒有成就，大人物的豐功偉績都是靠實幹和持之以恆。

藝術家雷諾茲指出，一個人的智力與能力一般，但實幹成為彌補才智的方法。如果做到了目標明確、方法得當，勤奮的工作會將成功送到你的面前。人們應當有一種意識：並不是用一顆觸景生情的心，加上豐富的想像力就可以使你成為巨人，很關鍵的是要懂得怎樣展現自己的能力。

10 找到自己與成功最近的匹配點

有的人在35歲前，雖然忙忙碌碌，但是卻沒有什麼作為；有的人在35歲前則已經在自己的工作領域大放異彩，他們之所以成功，最重要的恐怕就是因為他們找到了自己與成功相關、相匹配的銜接點。是兔子就去跑，是鴨子就去游泳。人要想在商場上打拚，必須揚長避短，這樣才能發揮潛能，走在別人的前面。

19世紀末，一個男孩降生在布拉格一個貧窮的猶太人家裡。隨著男孩一天天長大，人們發現他的身體非常孱弱，非但沒有半點男子漢氣概，性格還非常內向、懦弱，十分敏感多慮，總是覺得周圍的環境對他產生壓迫和威脅。

男孩的父親竭力想把他培養成一個標準的男子漢，希望他具有剛毅勇敢的強勢氣質。但在父親嚴厲的培養下，他不但沒有變得剛烈勇敢，反而更加懦弱自卑，徹底失去了自信，在惶恐痛苦中長大。他整天都在察言觀色，常獨自躲在角落處悄悄咀嚼痛苦。

對這樣的孩子，你能夠讓他去當兵，去衝鋒陷陣，去做元帥嗎？不可能。部隊還沒有開拔，他可能就已經當逃兵了。讓他去從政？依他的勇氣和決斷力，要從各種紛雜勢力的矛盾衝突中尋找出一種平衡妥當的解決方法，恐怕也是可望而不可即的幻想。他也做不了律師，氣勢那麼弱的他怎麼可能在法庭上像鬥雞似的振振有詞呢？

如此看來，這個男孩的一生將是一場悲劇。然而，你能想像這個男孩後來的命運嗎？他成了著名的文學家，他就是卡夫卡。

為什麼會這樣呢？原因很簡單，卡夫卡找到了自身的優勢，並充分發揮了出來。同一件衣服，有的人穿起來豔驚四座，有的人穿起來平淡無奇，甚至有些東施效顰的味道。之所以出現如此大的差距，在於每個人都有各自的氣質，只有穿符合自己氣質的衣服，才能凸顯自己的美麗與瀟灑。

性格內向的人，他們的內心世界多半十分豐富，能敏銳地感受到別人感受不到的東西。他們雖是外部世界的懦夫，卻是精神世界的國王。這種性格的人如果選擇做軍人、政客、律師，那麼他就選擇了做懦夫；如果他選擇了精神的領域，那麼他就選擇了做國王。

卡夫卡正是後者，在文學創作的領域裡縱橫馳騁，寫出了《變形記》、《判決》、《鄉村醫生》等巨著。卡夫卡的文筆明淨而想像奇詭，其形式之怪誕表現出藝術的獨創，*20*世紀各個寫作流派紛紛追其為先驅。*41*歲時，卡夫卡因患肺結核才停止了創作。

經常有人興致勃勃地說要改變自己，並為全面總結，希望全面改正缺點，彌補不足，讓自己的氣勢徹底強大起來。這其實是一個誤解，因為他們無視了相關定律的存在。每個人的天賦各不相同，與之相關的成功模式也不同。氣勢強大能讓我們成為商場或政界的國王，而氣勢弱小的人只要善於發揮自己的優勢，也能像卡夫卡那樣成為另外一個王國裡的國王。

生活的真正悲劇並不在於我們沒有足夠的優勢，而在於我們未能充分利用我們擁有的優勢。班傑明．富蘭克林把被浪費的優勢稱為「陰影裡的日晷」。

「只要工夫深，鐵杵磨成針」是沒錯，但如果你是牙籤呢？做自己不擅長的事，吃力且不一定會成功，自信心也可能遭受很大打擊。我們每個人的精力都是有限的，不必總是把精力大量地耗費在自己的弱勢上，做自己擅長的事情才是抵達成功的捷徑。即使你的氣勢很弱，但是如果你能集中發揮自己的優勢，同樣也能採摘到生命中最甜美的果實。

我們可以努力改變自己的氣勢，讓自己變得強大且充滿朝氣，但如果實在改變不了呢？那也可以選擇另外一條道路，像卡夫卡那樣，趨利避害，經營自己的強項，找到自己與成功最匹配的那個點。

11 經營自己的優勢

歌德說：「一個人不能騎兩匹馬，騎上這匹，就會丟掉那匹。聰明人會把分散精力的事情置之度外，專心致志地學一門知識，學一門就要把它學好。」而你所學的這一門，一定要是你最熟悉、最熱愛的一門。

人的智慧發展都是不均衡的，都有智慧的強項和弱點，德國著名化學家、諾貝爾獎得主瓦拉赫找到了自己智慧的最佳點，才使自己的智慧潛力得到充分的發揮，取得驚人的成績。其實，人人都是天才，只是有些人沒有發現自己的長處，而幸運之神就是那樣垂青於忠於自己個性長處的人。

在生活和工作中，你是否把多數時間都消耗在自己不擅長的事情上了呢？媒體曾經做過一份調查，結果顯示，只有17％的上班族每天是在自己熟悉和喜愛的工作崗位上發揮自己的長處，多數上班族的工作往往不是自己真正擅長的。由於工作中的種種限制，很少有人把100％的精力都投進到自己喜歡的事情上去，10個人當中，只有2個是幸運兒，但是我們卻有一些辦法讓自己成為這少數快樂的人。

下面提供一些運用自己長處的步驟供你參考。

1.你信奉的道理不一定是對的

生活中貌似有許多被人們奉為真理的道理，但是，有時候這些所謂的真理會讓我們耗費自己的效能。下面是兩條被人們普遍認同的真理。

真理一：在自己不擅長的領域中進步空間也是最大的。很多人都這樣認為，這也是為什麼大多數家長只看到了小孩成績單上的F，並且一直要求他在這項功課上多多努力，而故意忽視成績單上的A和B。十全十美的人不存在，樣樣精通的人也不存在。

真理二：在團隊中，一定要以團隊利益為先，自己的好惡一定要屈居第二位。這一條理論似乎成為了限制個性發展的枷鎖。在公司裡，犧牲精神成為了被大肆讚頌的美德，在家庭中，聽從父母安排子承父業被認為是孝順。「我為人人、人人為我」的精神信條似乎只剩下了前半句。

2.找到有用的方法發揮你的優點

如果有一支團隊可以充分發揮自己的長處，又或者那裡有你最擅長的工作，那麼一定要積極加入。因為不是每個人都適合自己現在的工作，所以要積極發現能充分發揮自己能力的工作，發現對自己有利的工作環境，這樣才能使自己脫穎而出。

能夠找到適合自己，可以發揮自己能力的工作還不夠，我們還要提高自己的工作效率，集中精力和時間，減少其他自己不是很擅長的、沒必要的活動。

這就需要以下幾步：

總結一下在以前工作中有多少時間是在做自己擅長的事，算出這個比例。

預測一下在以後的工作裡（可以是一週或兩週）有多少時間可以來從事自己擅長的工作。

找出自己必須要做的幾件事，把時間集中在這幾件事上，充分發揮自己的能力，避免浪費時間在其他事情上。

最開始的時候我們的預測不是那麼準確，這是無法避免的，重要的是讓我們的計畫一次比一次更準確，更能提高自己的工作效率。

瞭解自己，找到自己的優勢，然後好好的經營它，那麼久而久之，自然會結出豐碩的成果。所以，如果你是一個不甘平庸、想成就一番事業的人，那麼就在認識自己長處的這個前提下，揚長避短，認真地做下去吧。

也許你的優勢還只有很小的一點點，需要經過長時間的累積和經營才能形成真正的勢力，所以，一定要持之以恆。堅決守住自己的陣地，絕不把最擅長的領域丟棄，那麼你一定會成就自己，在35歲之前成為優秀的人才。

12 最佳的定位指導——興趣

我們經常可以看到有相當一部分人抱怨工作不盡如人意，不遂心願，太累，沒有成就感，這是因為他們對自己的工作沒有興趣。將精力浪費在自己不喜歡而枯燥的工作上是一件很可惜的事情。但你要是問起他們喜歡做什麼工作，卻不能明確地給你答案。這正是他們人生失敗的地方。

要想充分展現自己的才華，做出一番成就，就應該找到自己的興趣或者優勢所在，找準自己的位置。

我們也應該這樣，找到自己的興趣所在，給自己一個正確的定位，並以此為基礎去經營自己的人生。有一句被人們說了無數次的話：「興趣是最好的老師」永遠都會閃耀著智慧的光芒。榮膺「世界十大知名美容女士」、「國際美容教母」稱號的香港蒙妮坦集團董事長鄭明明就是一個在興趣的引導下走向成功的典範。

在印尼的華人圈子裡，鄭明明的外交官父親很有名望。鄭明明讀小學時，有一天父親特地將香港作家依達的小說《蒙妮坦日記》推薦給她。這是依達的成名作品，描寫了一個叫蒙妮坦的女孩子經過了愛情、事業的挫折之後，最終實現了自己的夢想的故事。

按照父親的設想和願望，女兒以後應該也是個「高級知識分子」。然而，從小就喜歡把自己打扮得漂漂亮亮的鄭明明對美的事物更感興趣。當她在街上看到印尼傳統服裝——紗籠布上那精美的手繪圖案時，她被藝術的無窮魔力深深吸引住了，被那些給生活帶來美麗的手工藝人的精湛技藝感動了，從此她便萌發了從事美麗事業的念頭。

鄭明明堅持要為自己負責，走自己想走的路。於是她瞞著父親到了日本，在日本著名的山野愛子學校開始了美容美髮的學習。那所學校裡都是些富家女，大家每天的生活就是相互攀比，比誰衣服好看，誰打扮得漂亮等。但鄭明明不是這樣，因為她留學不是為了和她們攀比鬥豔，況且她也沒有閒錢攀比。由於得不到父親的支持，來到日本的她當時身上只有*300*美元，這些錢在繳完學費、住宿費後就所剩無幾。

冬天的時候，她的同學都穿著各式各樣的皮衣，而她只有一件破舊的黑大衣禦寒。平時下了課，鄭明明還要到美髮廳打工。打工一是為了賺錢，二是為了學習人家的經驗。在打工期間，她仔細觀察每個師傅的技術、顧客的喜好、店裡的管理等以盤算自己未來的事業藍圖。

從日本的學校畢業以後，鄭明明來到了香港，租了間店鋪成立了蒙妮坦美髮美容學院。

萬事開頭難，創業初期，她一人身兼數職，既迎賓，也要洗頭。堅信「時間就像海綿，要是擠總會有的」的鄭明明每天晚睡早起，至少工作11個小時。可是忙碌之餘，她還有個雷打不動的習慣，就是到了晚上把白天顧客留的姓名、特徵、髮型等資料建成檔案，以後經常翻閱，也便於下次和顧客溝通。

雖然經歷了很多的磨難，但鄭明明終於成功了。她成立了一家又一家的分店，並把戰場從香港轉向中國。從此，人們知道了蒙妮坦，也知道了鄭明明。

如果當年鄭明明按照父親的意願走上那條中規中矩的道路，憑藉她的資質，說不定現在也會很成功，但是絕對不會比現在的她更輝煌。因為她選擇了自己興趣所在的道路，所以便會甘願付出更多的努力和堅持。鄭明明的奮鬥道路給還處在事業選擇迷茫期的人這樣的啟示：興趣就是你最佳的定位指導。

13 把自己定位成「社會人」

剛剛畢業的20幾歲的年輕人「獨闖」一個陌生的城市時，常常覺得孤單，想念同窗的朋友，想念和同學一起打球、聚會、喝酒的日子。下班坐公車時，看窗外美麗的夜景，總覺得一切繁華都似乎與自己無關。一個人行走在這個陌生的城市，聽到的只有自己孤單的腳步聲。若是遇到什麼不順利的事，便倍感失落。

但是20幾歲的年輕人要知道，當你步入這個社會時，無論你是否想長大，是否已做好準備，是否能獨立，從現在開始，很多事情都不得不自己去面對，譬如生活的挫折、人際關係的複雜、自身能力的局限，等等。

如果說以前在學校是被老師教育的話，那麼從現在開始，你將被社會教育。

而且社會不像學校那麼有耐心，它不會像在學校一樣讓你慢慢學習，慢慢地幫助你成長。在這個人才濟濟的社會裡，如果你成長得太慢，能力不夠，極有可能被那些比你「成熟」的人替代。

金文畢業後剛開始工作的時候，在一家小公司做文職工作。當時和他一起進去的另外兩個新同事也都是大學應屆畢業生。在公司裡，基本上每次電話鈴響了，都是金文起身去接，其他人根本就不動。時間長了，大家好像都習慣了金文做一些辦公室「打雜」工作，電話鈴一響，如果金文不起身，大家就會一直等著，直到他終於忍不住了起身去接。

公司太小，沒有專門請清潔人員，辦公室的清潔工作就要靠大家。每天下班後，從來沒人主動倒垃圾。金文是個愛乾淨的男孩，每天下班都把垃圾帶走，而其他人根本就不做這些小事。

其實，這些事情金文在家和在學校的時候幾乎很少做。但他知道，現在自己工作了，就要有個工作的樣子。有很多事情即使公司沒有明文規定，但應該做的他也盡量做到。工作後，連他的穿衣風格也變了，以前在學校的時候，他喜歡穿休閒服和運動服，現在只有週末他才會穿著運動服跟朋友們去踢球，平時則盡量穿襯衫和西褲，展現給別人一副「成人」的形象。

而和他一起進來的另外兩位同事，還保留著大學時的習慣，經常穿著休閒服來上班，也不主動做事，常嚷嚷著上班累，沒有在大學裡清閒。

試用期過後，金文被留了下來，而其他兩個同事被淘汰了。原因就在於，老闆認為他比其他兩個試用生更像一個社會人、一個職業人，他不僅適應了自己身分的轉變，也盡力去做好。

社會不會等待你成長，不要企圖有多麼好的差事等待著你。只有當你成長到了一定的程度，社會才會接納你。有很多年輕人抱怨自己學有所成卻總是得不到用人單位的認可；也有很多年輕人抱怨自己運氣不佳，總是找不到理想的工作；更有一些年輕人終日忿忿不平，與自己同時走出校園的同學為什麼能很快得到提升，而自己還在原地踏步。

一天到晚只會抱怨的人，必定是不成熟的人。當你知道自己應該如何去面對社會，如何快速地適應社會後，你就沒有時間去抱怨了。因為那個時候，你把時間都用來學習、工作和拓展人際網絡了。

正像例子裡的金文，他明白每個人在不同的時期有不同的使命。工作的時候，無論在穿著還是在行為上都要像個「職業人」，多做事，多多磨礪自己，好好地完成在這個時期的使命。

20幾歲的年輕人，如果你到了一個新的時期，但你的使命卻還停留在上一時期，那麼說明你並沒有隨著時間而成長。一個永遠長不大的人，只能站在他人的背後，自己無法主動爭取進步，在未來的生活中將很難獲得成功。

14 過分特立獨行是種危險

處在20幾歲這個朝氣蓬勃的人生階段，許多年輕人都認為個性很重要，因此常常逆潮流而行，表現自己反傳統的觀念和與眾不同的行為方式。殊不知，社會上有很多人會認為這是譁眾取寵，他們甚至會因此而輕視年輕人，並藉由各種可能的方法對其進行懲罰。所以，過分「反傳統」和「特立獨行」是危險的，個性只有被社會接受，你才會被社會認同，才有利於你的發展。

時下的種種媒體，包括圖書、雜誌、電視等都在宣揚個性的重要性，這在很大程度上給20幾歲的年輕人帶來了負面影響。個性有時也會成為獨特、怪異的代名詞，而張揚個性肯定要比壓抑個性舒服，但是如果張揚個性僅僅是一種任性，一種意氣用事，甚至是對自己的缺陷和陋習的一種放縱，那麼，這樣的張揚個性對你的前途肯定是沒有好處的。

喬若絲是一個個性張揚的前衛女孩，她熱愛無拘無束的生活方式，把平凡、規矩、條條框框視為死敵。

大學畢業後，她獲得了一家企業的面試機會。當天，她的打扮令所有面試官目瞪口呆，寬鬆的上衣、超短牛仔褲、運動鞋……出門時母親一再叫她穿得「正式」一點，她依然我行我素。

喬若絲的專業能力和外語口語能力確實不俗，面試官最後和顏悅色地說：「你的條件很優秀，足以勝任這項工作。不過，我想提醒你，我們公司是一家正規企業，著裝方面有一定要求，不能太隨便，更不允許太暴露……」

喬若絲立刻打斷了面試官：「我的能力與我的衣著沒有任何關係，這麼穿我覺得最舒服。如果非要穿正裝上班，我會連氣都喘不上來的！」

面試官被這突如其來的搶白驚住了，表情嚴肅起來，冷冷地說：「那麼好吧，請你去能讓你隨心所欲的地方發展，我們公司不歡迎像你這麼有個性的『天才』。」

喬若絲之所以失去這個難得的工作機會，是因為她不懂得收斂個性，或者說，是她太過叛逆。很多人熱衷於特立獨行，張揚自己的個性，相當一部分是一種習氣，是一種希望自己能任性地為所欲為的願望。他們不希望把自己的行為束縛在複雜的條條框框中，他們希望暢快地發洩自己的情緒。但作為一個社會中的一員，真的能這麼「灑脫」嗎?答案是否定的。

社會是一個由無數個體組成的人群，每個人的生存空間並不很大，所以當你想伸展四肢舒服一下的時候，必須注意不要碰到別人。當你張揚個性的時候，必須考慮到你張揚的個性是什麼，注意到別人的接受程度。如果你的這種個性是一種非常明顯的缺點，最好的選擇是把它改掉，而不是去張揚它。

不要使張揚的個性成為你縱容自己缺點的一個漂亮的藉口。社會需要你創造價值，但首先關注的是你的工作品質是否有利於創造價值。個性也不例外，只有當你的個性有利於創造價值，是一種生產型的個性，你的個性才能被社會接受。

許多名人都有非常突出的個性，愛因斯坦在日常生活中不拘小節，巴頓將軍性格極其粗野，畫家樊谷是一個缺少理性、充滿了藝術妄想的人，但這並不代表個性就是正確的、必需的。名人因為有突出的成就，所以他們許多怪異的行為往往被社會廣為宣傳，有些人甚至產生這樣的錯覺：怪異的行為正是名人和天才人物的標誌，是其成功的秘訣。我們只要仔細分析一下，就會發現，這種想法是十分荒謬的。

名人確實有突出的個性，但他們的這種個性也表現在創作的才華和能力之中。實際上，正是他們的成就和才華，使他們的特殊個性得到了社會的肯定。如果是一般的人，一個沒有多少本領的人，他們那些特殊的行為可能只會得到別人的嘲笑。

社會需要的是生產型的個性，你的個性只有能融合到創造性的才華和能力之中，才能夠被社會接受。如果你的個性沒有表現為一種才能，僅僅是一種脾氣，它帶給你的只是不好的結果。

所以，20幾歲的年輕人，如果你想成就一番事業，就應該把個性表現在創造性的才能中，盡可能與周圍的人協調一些，這是一種成熟、明智的選擇。

第二章

20幾歲開始儲存人脈存摺

15 盡早儲存自己的人脈存摺

山沒有脈，就難以形成綿延千里的雄偉氣勢；葉沒有脈，就不會亭亭玉立，更不能遮風擋雨；人脈，更是一個人生命中的重中之重。人沒有脈，就無法施展拳腳，成就人生的輝煌。

美國石油大亨洛克菲勒在總結自己的成功經驗時曾經表示：「與太陽下所有能力相比，我更關注與人交往的能力。」正是洛克菲勒的這種超卓的人脈溝通能力成就了他輝煌的事業。

美國史丹佛研究中心一份調查報告指出，一個人賺的錢，12.5％來自知識，87.5％來自人脈。

在好萊塢，流行一句話：一個人能否成功，不在於你知道什麼，而在於你認識誰。成敗的關鍵，就看你能否四面出擊、八面玲瓏，處理好人際關係。

日本人脈專家岡島悅子曾經說過：「構築人脈，不是為了投機取巧，利用門路生存，而是為了獲得能夠最大限度發揮自己能力的機會，借助人脈的力量登上施展自己抱負的舞臺，實現自己的人生理想。」

人脈的力量得到了社會上成功人士的普遍認可，商業界更是提出了「儲存人脈勝過儲存黃金」的口號。

誰都不是單獨生活在社會中的個體。在生活中，我們難免會形成這樣或者那樣的關係，比如父子關係、朋友關係、夫妻關係；在工作中，我們也要處理同事之間的關係，上級和下屬之間的關係。在處理這些關係的過程中，我們會形成自己的關係網，這就是我們的人脈。

有的人認為自己的能力強，個性獨特，就不需要擁有人脈了。其實這樣的想法是錯誤的，對於這樣的人，社會會給予忠告：「只依靠個人的力量取得成功的人，一定會付出超乎常人的代價。」

有的人認為自己已經累積了很多財富，無論精神上還是物質上，都十分富足了，不需要再考慮人脈的問題。這樣的想法也是不對的。世界每天都在變化，你不可能每天都生活在自己單獨搭建的小屋裡而不與外界接觸。

人是社會動物，無時無刻不處在與他人的關係之中。沒有他人的存在，就不會有個人的存在。他人的存在是成就偉大事業的基礎。沒有他人的存在，你的奮鬥意義何在？沒有他人的存在，你就失去了成功的基礎和條件；沒有他人的幫助與協作，要想成功會難上加難。社會關係是所有資源的核心，所有資源都依附一定的主體。要獲得成功，就要更廣泛地調動資源。

年輕的你要想成功就要調動更多資源，就應該建立更多資源核心——社會關係。小的成功靠自己，大的成功靠別人。偉大的事業很少藉由一個人來完成。現代社會是高度組織化的社會，是許多人透過聯合與協作來完成個人沒法完成的事情。完成偉大的事業需要許多資源的整合，個人的資源是有限的。所以，在當代社會中，如何更好地與他人合作是獲得成功的重要條件。

一個人的成功並不取決於他自己的力量有多強大，而是取決於他能夠認識到人脈關係的重要性並且用心經營人脈，最終借助別人的力量來成就自己的成功。經營好你的人脈關係網，然後，你就可以像「穩坐中軍帳」的蜘蛛，自然會有獵物送上門來——你只需要迅速出擊就可以穩操勝券了。

16 使用金錢是對人脈的必要投資

成功者中有著這樣一個觀點：人脈決定財脈。

事實上正是如此，一個人的成功與財富，80％是依靠人脈獲得的。而若想讓人脈決定財脈這條規則在你身上靈驗，不妨先反其道而行之：用金錢「俘獲」人脈。

創業新貴對於人脈與金錢有著自己獨到的觀點。當被人問到人脈和金錢孰重孰輕這樣的問題時，他們淡然回答道：「人脈重要。因為人脈從某種意義上說，是權力的體現。在商業領域中，人脈就等同於可被量化的在你所處領域的權力象徵。所以你知道，為什麼更多的人有錢後都來了大城市？因為這裡是權力中心。離權力更近，意味著人脈更廣，人脈更廣意味著生意更大，生意更大意味著錢會更多。如此循環往復，權力是生意的根本，而金錢不過成為了一個用於活著與消費的符號。」

這就是成功者獨到而犀利的觀點。你要明白，交際費用是為了自己的將來而花的，無論你平時對自己多麼苛刻節儉，也不要縮減人際投資上的開銷。因為交際費用對於任何人來說，都是讓你的人生朝著更光明的方向發展的必不可少的必要投資。斤斤計較金錢利益的人，是無法營造新人脈，也無法維持住現有人脈的。

不少企業都不惜花重金把行業菁英挖到自己旗下，因為他們懂得，真正的人才能為自己企業創造的價值是金錢所無法比較的。同樣，在生活中，我們也不要斤斤計較在人際交往上的金錢投資，因為它絕不會讓你虧本。

在平時生活中，可以利用以下幾個方法，巧妙的使用金錢對人脈進行投資。

1.善用小禮物進行人脈投資

小張是一名在德國留學的中國學生。在人生地不熟的慕尼黑，她充分體會到了利用禮物投資人脈給自己帶來的好處。生活方面，小張要申請的學生宿舍被告知要排隊等半年左右的時間才會有空位，原本她相信了，可是看著另一個比她遲申請宿舍的同學卻拿到了房子的鑰匙，小張才大吃一驚，當時的她還四處顛沛流離，為住房發愁，而那位同學卻享受到了德國政府資助的學生宿舍。

原來，有「禮」走遍天下，大家都懂得要送禮給房管。於是小張也決定送點禮物，她給房管送了一小罐泉州的鐵觀音，不料真有奇效，早上送的禮，當天下午房管就打電話給她了。在學校裡，由於班上的同學都是藍眼睛黃頭髮的西方人，她這個「老外」在交際方面顯得有點力不從心，用什麼辦法能夠讓自己快速融入同學之間呢？她再次想到了以小禮物為契機。

小張是個心靈手巧的女孩，她親手編織了十幾個中國結，送給班上的每一位同學，果然，同學感嘆著小張心靈手巧的同時，也打心底開始接受這個美麗的中國女孩。

其實小張送的禮，都是小禮，而收到的效果卻大大的出乎了她的意料。

2.請客吃飯不能少

在中國，人脈、圈子、社交關係、資源、生意……通通繞不開飯局。劉曉曉是剛畢業的大學生，初入職場的他和辦公室裡的同事總有些不合拍，連科長都說他有些木訥。他和同事關係的改善是從他中彩券之後請同事吃飯開始的。劉曉曉是個彩券迷，一次彩券中了三等獎1萬元。這個消息在單位不脛而走，同部門的同事都起鬨要他請客。於是劉曉曉當天下班後，同事和科長被請進了飯店，酒足飯飽後，劉曉曉從大家的眼神裡看到了認可和友好的神情。從此以後，他也漸漸融入了辦公室這個大團體，上司和同事對他伸出幫助之手。就連他結婚禮的事，也是科長和同事鼎力相助的結果。

3.在朋友困難時雪中送炭

在《水滸傳》中，有這樣精彩的一幕：

話說宋江殺了閻婆惜後，逃到柴進莊上避難，碰上了武松。當時武松因在故鄉清河縣誤以為自己傷人致死，已躲在柴進莊上。但因為武松脾氣不太好，得罪了柴進的莊客，所以柴進也不是十分喜歡他。《水滸傳》上說：「柴進因何不喜武松？原來武松初來投奔柴進時，也一般接納管待；次後在莊上，但吃醉了酒，性氣剛烈，莊客有些顧管不到處，他便要下拳打他們，因此滿莊裡莊客，沒一個道他好。眾人只是嫌他，都去柴進面前，告訴他許多不是處。柴進雖然不趕他，只是相待得他慢了。」所以，武松在柴進的莊上一直被大家孤立，找不到一個可以交心的朋友，只能一個人天天喝悶酒。

宋江知道武松是個英雄，日後定可為自己幫忙，因此，他到了柴進莊上一見到武松馬上拉著武松去喝酒，似乎親人相逢。看武松的衣服舊了，馬上就拿錢出來給武松做衣服（後來錢還是柴進出的，但好人卻是宋江做的）。而後「卻得宋江每日帶挈他一處，飲酒相陪」，這飲酒的花費自然還是柴進開銷的。臨分別時，宋江一直送了六、七里路，並擺酒送行，還拿出十兩銀子給武松做路費，而後一直目送武松遠離。

正因為這樣，武松一直對宋江忠心耿耿，為宋江出生入死。

宋江所費之錢可以說是小成本，他不過花了十兩銀子和餞行的一頓飯，卻讓英雄蓋世的武松對他感恩戴德。而柴大官人庇護了武松整整一年，就算後來有所怠慢，也不會少他吃喝用度的，在武松身上的花費豈止區區十兩銀子。相對於宋江而言，柴大官人真是得不償失。這位宋大哥在武松心目中的分量恐怕要遠遠超過柴大官人。為什麼柴進名滿江湖、出身高貴，卻成不了老大，而宋江卻可以？因為宋江更懂得如何藉由雪中送炭而收買人心。

別再吝嗇你手中的金錢，把它投資到人脈的拓展和維護上，相信它能為你創造更多的價值。

17 開放社交半徑，攀上你想認識的人

德國一家報紙曾經協助研究人員進行了一個試驗：幫助法蘭克福的一位土耳其烤肉店老闆，聯繫上他最喜歡的好萊塢影星馬龍．白蘭度。令人驚奇的是，幾個月後，報社的員工不僅幫他聯繫上了馬龍．白蘭度，而且他們驚訝地發現，烤肉店老闆與馬龍．白蘭度之間僅僅只透過6個人的私交，就聯繫在一起了。

原來，烤肉店老闆有個朋友住在加州，而這位朋友的一個同事的女朋友，正是電影《這個男人有點色》製作人女兒的朋友，而這部電影的男主角正是馬龍．白蘭度。

這個實驗證明了一個著名的理論，即美國社會心理學家史丹利．米爾格蘭提出的「六度分隔理論」：「你和世界上任何一個陌生人之間所間隔的人不會超過6個」，也就是說，只要你

願意與人溝通，世界上的任何一個人都有可能成為你的朋友。

那麼，我們如何開放自己的社交半徑，認識更多的人呢？你可以參考以下幾種社交方式：

◎參加培訓班或研習會

在培訓班或研習會，你既可以學習到一些新的知識，又可以進一步瞭解行業的趨勢，而最為重要的，就是可以結交更多很重要的朋友，擴充自己的人脈資源網絡。

成人教育一類的培訓班或研習會不同於學院式的正規教育，通常那些參加培訓班或研習會的人早已走向社會，有了自己的事業或職業，而且參加培訓的人大都是力求上進、想有所成就的人。

參加培訓班或研習會也許會需要你進行一些投資，但是將投資用於學習、培訓，提高你的發展人際關係的技巧和社會交際能力，會讓你受益匪淺。世界上最昂貴的是時間，最便宜的是學習。如果你現在沒有參加過任何一個研習會，不妨試試看，它也許將對你很有幫助。

◎慶典活動現場

現在好多公司都會舉行開業慶典或周年紀念活動。這些活動正是我們認識新朋友，擴展圈子的大好時機。

◎產品說明會、發表會、推廣會現場

一般情況下，當一個企業研製出新的產品或者推廣一項新的服務時都會展開一些宣傳活動，也會在一定的時候召開新產品說明會、技術發表會、市場推廣會或巡迴展示會等等。這是我們認識某一行業上層人士的極好機會。

◎「有閒階層」最愛的健身房

隨著生活水準的提高，現在很多年輕人和中年人都對自己的身體越來越重視，不僅在身體素質上，而且在身材體型上也下了不少工夫。健身房運動項目因此而走紅於各大城市。在參加健身運動的人士中，大多都是「有閒階層」。他們既有錢，也有閒，是拓展圈子的好去處。

此外，我們在健身房還可以看到職業模特兒、健美運動員、體育老師和舞蹈工作者的身影，他們往往也是我們的優質發展對象。

◎酒會、茶話會、座談會

為了能在應酬場上遊刃有餘，從某種角度講，我們每一個人都應是一位社會活動家。我們不僅關心自己的本行，而且還應該對時事政治、社會焦點和公共事務保持高度的敏感性。經常與一些專家學者在一起進行交流。

◎參加朋友的婚禮或生日宴會

一般來講，參加朋友、同事、同學、鄰居的婚禮，並在其中幫助做點什麼事，是拓展圈子過程中最應該做的事情。

一般情況下，朋友的婚禮和生日宴會上的人都是朋友很親近的人，在這樣的場合很容易得到認可和信任，如果你在這樣的場合表現很積極的話，總是能給人留下深刻的印象，不但能擴大人脈，還可以贏得好人緣，這將為我們以後辦事做好鋪墊。

人脈網錯綜複雜，就像藤和瓜，根相連，藤相牽，不同的瓜在不同的藤上，我們要想找到自己想要的那個「瓜」，就一定要擴大自己的社交半徑，借助合適的藤，這是擴展我們人脈網的一大藝術。

18 在圈子中安身立命

人生在世，最忌單打獨鬥，孤立無援，受人排擠，遭人冷落。一個人想要在社會上立足，就必須有一個屬於自己的圈子。越來越多的人認識到，沒有圈子，就只有一事無成一條絕路；

而有了圈子，就能廣結人緣，就能集圈內人的各種資源於一身，就彷彿有了三頭六臂，辦起事情來，自然是順風順水，想不成功都難。因此，做人有必要深入瞭解一門名叫「圈子」的人生哲學。

「圈子」到底是什麼？它是中國人生活的文化，它代表了你的社會地位，它令你的人脈不斷延伸，它可以為你帶來滾滾財富。總之，一句話，圈子是影響你人生成敗的重要因素。

現實中的人脈圈如同蜘蛛網一般，你的父母，你的配偶，你的同事，你的同學，你的老鄉……這些錯綜複雜而又有脈絡可循的人脈節點，經過你細心地經營，會慢慢地形成一條條線，並最終編織成一張大網。這張大網將是促成你事業成功的一個強有力的人脈圈。

*19*世紀*20*年代初期，巨富家族創始人羅斯柴爾德在巴黎發跡，不久之後他就面對最棘手的問題：一名猶太人，法國上流社會的圈外人，如何才能贏得排斥外國人的法國上層階級的尊敬呢？

羅斯柴爾德是瞭解權力的人，他知道他的財富會帶給他地位，但是他會因此在社交上被疏離，最後地位與財富都將不保。因此他仔細觀察當時的社會，思考如何受人歡迎。慈善事業？法國人一點也不在乎。政治影響力？他已經擁有，結果只會讓人們更加猜疑。最後他終於找到一個缺口，那就是無聊。在君主復辟時期，法國上層階級非常無聊，因此羅斯柴爾德開始花費驚人的鉅款娛樂他們。他雇用法國最好的建築師設計他的庭園和舞廳，他雇用最有名的法國廚師卡雷梅準備了巴黎未曾目睹過的奢華宴會。

沒有任何法國人能夠抗拒，即使這些宴會是德國猶太人舉辦的，羅斯柴爾德每週的晚會吸引來越來越多的客人。

終於，羅斯柴爾德的晚會反映出他渴望與法國社會打成一片，而不是混跡於商界的形象。透過在「誇富宴」中揮霍金錢，他希望展現出他的權力不只在金錢方面，而是進入更珍貴的文化領域。羅斯柴爾德或許透過花錢贏得社會接納，但是他所獲得的支持基礎不是金錢本身就可以買到的。事實證明，在以後相當長的一段時間裡，他一直受惠於這些貴族客人。

俗話說：「主有多大，客有多大。」話雖然是粗糙了點，但說出了人際關係中一個至關重要的道理，那就是你的人際關係圈子注定了你的價值。現代商業理論中有這樣一個觀點：看一個人的才能，不是看他的口袋裡有多少錢，而是看他的朋友的層次。所以，要想造勢，要想將勢造大，必須想方設法躋身上流社會。

商場有句俗語是：「天大的面子、地大的本錢。」道出了人脈資源在商業活動中的重要性。古往今來最熟知箇中滋味，並且運用自如的，恐怕當數案例中提到的金融界大亨羅斯柴爾德家族了。躋身上流社會，與成功人士在一起，至少使你看起來也像一個成功者，你將更容易獲得成功的機會。

所以，你需要審視自身的環境，尋找有益的同伴。你所遇到的人，決定你的命運。假如你想要成為一名成功人士，創造事業上的輝煌，就應該先看看周圍的人際關係圈子是不是與它相適合，假如不適合，就要考慮轉換環境或改善環境！

19 用四句格言建構社會關係

「努力+實力+社會關係=成功」，這是成功人生的一條重要法則，你可以優秀，可以成功，更可以建立和諧的社會關係，以在這個社會如魚得水。一切皆有可能，只要你依照以下四句格言來建構你的社會關係：

第一句話：我錯了。

有個人的狗在公園肆意亂竄，遭到管理員的訓斥。好幾天後，那人又放開了自己的狗，再次被管理員看見了。他立刻笑著說：「我錯了，很抱歉，您就處理吧！」這麼一說，那位管理員的口氣反倒平和了下來：「這地方空曠，也難怪你會讓牠自由一下。」

你知道管理員為什麼會原諒他嗎？不錯，正是因為那個人坦白認錯。有錯就改是一個再簡單不過的道理，多數人卻不肯這麼做。這可能和人的天性有關，人們似乎總在努力捍衛自己的觀點和行為，不經意中把「我的」等同於「對的」、「正確的」。事實上，我們每個人都不完美，每個人都會犯錯誤。要解決一種狀況，除了坦白承認錯誤，沒有更好的辦法。

如果你勇敢地說「我錯了」，你會發現，你的錯誤得到體諒，許多棘手的問題都變得可以解凍、改善或化解，你的心胸也豁然開朗。

而在你的工作生涯中，誠實認錯有如下好處：為自己塑造了勇於擔當責任的形象，主管與同事都會欣賞、接受你的作為。因為你把責任扛了下來，不會諉過於他們，他們感到放心，自然尊敬你，也樂於跟你合作，更樂於向你學習。

第二句話：你的工作做得很好。

這句話代表的精神，肯定他人的成績，慷慨地稱讚別人。有一個稍微有些誇張的小故事：有個農婦辛苦勞累了一天，還要為幹活的幾個男人準備晚餐，這項工作她做了10多年了，可是那些享用她的美食的男人從來不吭聲。於是有一天，她為他們準備了一大堆乾草當晚餐。男人們憤怒地責問她時，農婦答道：「嘿，我怎麼知道你們會在意呢？我做了10年的飯給你們吃，你們從不吭聲，也從沒告訴我你們並不吃乾草啊！」

「人類本質最殷切的需求是渴望被肯定。」既然尊重他人，滿足對方的自我成就感是人類行為的重要法則，你就要遵守它。違反它，只會讓你陷入無止境的挫折中。

肯定和恭維能讓人心情愉快，也有助於說服別人，還能樹立人的自尊心，在可能的情況下，甚至能激發對方無盡的潛力，改變人的一生。學會讚賞別人，受益的也是自己，你會贏得不少朋友，讓人感到容易接受，別人會更多地幫助你，你會成為一個越來越寬容的人、開朗的人，個性也會日臻完善。

第三句話：你的看法如何？

知道怎樣聽別人的話，以及怎樣讓他開啟心扉談話，是我們制勝的唯一法寶。

喬·庫爾曼在29歲時就已經成為美國薪水最高的推銷員之一。他在25年中銷售了4萬5千份壽險，平均每天5份。除了吃苦耐勞和能說會道，庫爾曼有一個重要的經驗，那就是學會說：

「**您的看法如何？**」

僅此一句話，就消除了人們對推銷員的戒備心。

每個人都有談論自己的欲望，都希望講述自己的想法、經歷、理想，甚至委屈、悲傷，得到他人的理解和尊重。傾聽本身是褒獎對方的一種方式。耐心傾聽，等於告訴說話的人：

「你是一個值得我傾聽的人。」在提高對方自尊心的同時加深了他對你的好感和信任，有利於社會交往。

一個人只有對別人感興趣，別人才會對他感興趣。只有弄清楚對方的觀點，才能找到合適的應對措施。這好比釣魚，要想使魚上鉤，必須找到適合的魚餌。傾聽的過程就是尋找魚餌的過程。如果我們試著這樣做，我們會很清楚地得知別人對人生的態度——即什麼是對方生活中最重要的事，什麼是對方所思所想，只要凝神傾聽就好了，讓別人告訴你什麼對他最重要，然後才好對症下藥。

第四句話：用「我們」代替「我」。

成功者奉行的是「我們」而不是「我」的哲學。「我們」體現的是一種社會關係，一種互利合作精神。一個人不可能獨立地生活在社會中，人與人之間的合作是社會生存和發展的動力。在成功學專家研究的案例中，找不到只靠自己獲得成功的優異個案。各行各業，世界各地，非凡的成果都來自大家的群策群力。

「我們」表示自己已行動起來，也提醒對方為了自身的利益而協助他人或要求援助。另外，說「我們」會讓對方感到你和他已連在一起，而你確實已經站在對方的角度考慮問題，這樣有助於我們把事情做好。

學好以上四句話，你就能在提高社會交流技巧的過程中累積實力，而你離優秀和成功也會越來越近。

20 間接人物也有直接關係

我們都清楚，借人之力成己之事，是獲取成功的捷徑之一。但在這條捷徑上，人們往往習慣於將目光聚焦到那些有權勢、有財富的大人物身上，認為只有這些人才可能是自己人生路上的貴人，才能給自己的成功添磚加瓦。

可是，大人物們都是高高在上，二、三十歲的年輕人，沒有什麼資歷和名氣，不用說去求人家，就連接觸到對方都很難。遇到這種情況我們該怎麼辦？坐以待斃，還是就靠自己蠻幹？

不用發愁，你不妨把目光投到某些小人物身上。要知道，「大小」並不是絕對，二者可以轉換。對待「小人物」，你沒必要一味地趾高氣揚，應該懂得變通，沒有大人物可以選擇的時候，能向小人物借力也是不錯的選擇。

歷史上「雞鳴狗盜之輩」曾經幫孟嘗君逃脫大難，不就是很好的證明嗎？小人物就像小螺絲釘，用得得當，就能推動大機器的運轉，這些「間接」的人物也有「直接」的關係。因此，想要搞定大人物，不妨先搞定他身邊的小人物。

戴笠當軍統局頭子時，逢年過節，都要派專人出去送禮，這禮並非是送給達官顯貴的。他手下的人把汽車停在國府路（今南京長江路）附近，到了黃昏人靜的時候，就會有很多人過來問：「戴局長有東西交給我嗎？」然後接過紅包悄然離開。這些人，都是總統府裡的聽差、門房、女僕或是文書，雖然地位卑微，絕不可能參與軍國大事，但他們畢竟天天都在蔣介石身邊。

戴笠並不是時時刻刻可以跟隨在蔣介石身邊的人，而這些人的職業就是侍候蔣介石。蔣介石的行為、情緒的變化，都瞞不過這些人的眼睛。

然而對戴笠而言，這些資訊的作用還不是最重要的。公文積壓在官場是常事，有的一擱就是一年半載，有的只要擱上十天半個月，即使批下來，也是另一種結局了。軍統上報的公文，耽擱在蔣介石那裡，戴笠是不敢催辦的。可是清潔女工就有這樣的便利，她清掃蔣介石的辦公室時，只要順手在文件堆裡把軍統的公文翻出，放在上面就萬事大吉了。戴笠的部下再有能耐，也不敢隨意進蔣介石的辦公室！這件事非清潔女工莫屬。

小人物有人小物的優勢，如便利、隱蔽、靈活等，因此，在人際交往中，要靈活變通，千萬不要只逢迎那些所謂的達官貴人，而要懂得和小人物建立關係，而且，更不可得罪「小人物」，尤其是那些大人物身邊的「小人物」，地位雖小卻能親近大人物，只要能巧妙地借助他們的力量，同樣可以助你辦成大事情。

有些人覺得，抓住關鍵人物就行了。但往往現實情況比這要複雜得多。因為關鍵人物的周圍總是存在著一些人，他們平時看起來沒什麼作用，但在關鍵時刻可能就會發揮重大作用。

所以，年輕人平時無論是說話還是辦事，一定要記住：把鮮花送給身邊所有的人，不要小看了那些目前不如你的人。俗話說：「不走的路去三回，不用的人用三次。」說不定哪一天，某個小人物就會在某個關鍵時刻成為影響你前程和命運的「大人物」。詩人李白說：「天生我材必有用。」再平凡的人，身上也會有別人所沒有的閃光點；再庸碌的人，也會有別人所不具的才能。重視身邊的每一個人，包括小人物，說不定哪一天他們也能救自己一命。

21 貢獻價值，成為被依賴的人

長久以來，很多人對於拓展人脈有一種很深的誤解，認為認識的朋友多就等於人脈廣泛，他們信奉所謂的「你認識誰，比你是誰更重要」。其實，在人脈這件事情上，最重要的不是「你認識誰」，而是「誰認識你」。也就是說，拓展人脈的過程，與其說是「我要認識更多的人」，不如說是「讓更多的人認識我自己」。因此，拓展人脈的第一步就是要成為「別人渴望認識的人」，如果想要認識更多的朋友，那麼首先要讓別人看到你的價值，比如你的某種專長、能力或者特質。

以前很多人脈書籍中都強調「要積極主動的認識新朋友」，卻不強調提升自我的價值。看起來這是主動拓展人脈的方式，其實這是很被動的，因為選擇權在別人手上，當你「誰也不是」的時候，是別人在選擇你作為朋友而不是你選擇別人。但是，一旦你有了自己的閃光點，成為「別人渴望認識的人」之後，主動權就重新回到了自己的手上，是由你來選擇和某些人做朋友，而不是由別人來選擇你。

電影《流浪狗之家》中有這樣一幕：

非常喜愛狗的小女孩和她的兩個朋友一起收養了十幾隻流浪狗，他們把這些狗藏在一間無人居住的廢棄的房子裡。一個胖胖的男孩想要加入他們，但他卻不知道如何開口，最後，這個胖男孩對他們說：「我對這一帶很熟，我可以幫你們放哨，你們一定不想被寵物管理所的人發現吧。」他的這個說法立即得到認可，順利加入了流浪狗收養團隊。

在這段普普通通的對話中，我們可以看到，當你需要結交新朋友的時候，最有效的方法就是告訴他「你能為他做些什麼」。

大前研一曾說過：「說到人脈，大多數人的心態都是『對自己有用的人』，擁有這種想法的人是不會建立持久的人脈的。一味依賴別人，很快就會被人疏遠……『不要依賴別人，而要被別人依賴』，建構人脈應該從這一點出發。」

在拓展人脈的過程中，「別人能為我做什麼」、「誰是對我有用的人」等等這些都是非常被動的想法，積極的想法應該是「我能為別人做點什麼」，瞭解別人的需要，積極貢獻自己的價值，一旦你成為「被人依賴的人」，那就一定會有很多朋友圍繞在你身邊，因為他們再也離不開你了。

銷售大師哈維．麥凱在《口渴之前先挖井》一書中講述了他的一次親身經歷，從中你可以看到「為別人做點什麼」的確是拓展人脈的白金法寶。

一次，哈維．麥凱在電視臺錄製節目時被介紹給名主持人賴瑞．金認識，賴瑞．金邀請他上車，順道送他回酒店。哈維．麥凱知道，他必須利用在車上的短暫時間裡和賴瑞．金交上朋友，但是，他不知道賴瑞．金喜歡什麼，也不知道關於他家人的情況，他唯一知道的是，賴瑞．金最近寫了一本新書，於是他找到了切入點。

「金先生，我希望我沒有弄巧成拙，但是我想你和我一樣，參加電視節目都是為了我們的書大賣。」

這句話引起了賴瑞．金的興趣。

「很多好書因為失敗的推廣工作而不見天日。」他接著說。

接下來，哈維．麥凱向賴瑞．金強調批發商在書籍推廣中的巨大作用，並「透露」自己認識英格拉姆公司的總裁菲爾．費弗。這時，賴瑞．金讓司機關閉了引擎，並坐到了哈維．麥凱的身邊。

哈維．麥凱繼續說，他和菲爾．費弗關係很好，可以介紹賴瑞．金和他認識，並給賴瑞．金做一個新書簽名活動。接著，哈維．麥凱又陸陸續續地提到了五、六個人名，都是一些大型書店老闆的名字。無疑，認識這些老闆可以大幅提高自己書籍的銷量。

……

接下來的事情可想而知，賴瑞．金從來沒有忘記聯繫哈維．麥凱這個朋友，因為他手上有他需要的東西，在某種程度上，他的新書大賣要依賴哈維．麥凱。

哈維．麥凱用他的親身經歷告訴我們：「你和你所能奉獻的東西是等價的。」你能為別人做的東西越多、你貢獻的價值越大，你的人脈吸引力就越大。

當然，貢獻價值有很多種方式，日本管理大師本田直之在《職場人脈經營術》一書中總結了貢獻的四個層次：資訊、禮物、關鍵性建議和聯繫。

資訊，即指向別人提供有價值的、有益的資訊，如果別人從你這裡總能知道點什麼有用的資訊，相信他們自己就會主動與你聯繫的。禮物，即送給別人需要的東西，比如一本對對方有益的書或者別人很想要卻得不到的演唱會門票之類的。關鍵性建議，是指當別人遇到重大的選擇向你求助時，你可以在提供資訊的基礎上根據自己的經歷提供一些中肯的建議，幫別人做出選擇或者找到解決問題的方法。這種建議可以是專業方面的，當然也可以是生活上的。聯繫，是指把對方介紹給他想要認識的人，例如他的潛在客戶及合作夥伴。

總之，為了獲得新的人脈，請改變你的認知，不要依賴別人，而要讓別人依賴，盡可能為別人做點什麼，其他的事情自然會水到渠成。

22 扮演別人需要的角色

莎士比亞說：「世界是個大舞臺，世間的男男女女無非演員而已。他們要嘛粉墨登場或悄然而去，每個人終其一生竟可以扮演多種不同的角色。」

莎士比亞的這句話可謂是飽含了人生哲理，人的一生，總會因為周圍環境的不同而扮演不同的角色，有些人是舞臺上的主角，光芒耀眼；有些人則是配角，默默無聞。但是，我們都在這些角色中彰顯著我們的獨特個性，實現著我們的人生價值。每個人也都想讓我們的人生價值最大化。

詹森是一位傑出的商人，他的投資範圍十分廣泛，包括旅館、戲院、工廠、自助洗衣店等等。出於某種考慮，他還認為應該再投資雜誌出版業。

經他人介紹，詹森看中了雜誌出版家魯賓遜先生。魯賓遜是出版行業的大紅人，很多出版商都爭相羅致，但始終無法如願。如何才能把魯賓遜負責的雜誌弄到手，並將他本人網羅到自己旗下呢？經過一兩次共同進餐，雙方有了初步的瞭解，詹森決定不惜重金進行說服。

詹森開門見山地承認自己對出版業一竅不通，需要借助有才幹的人促成自己事業的成功。接著，他把一張25萬元的支票放在桌子上，對魯賓遜說：「除這點錢外，我們還要再給你應該得到的那些股份和長期的利益。」

為了解決魯賓遜公務繁忙的煩惱，詹森指著幾位部屬說：「這些人都歸你使用，主要是為了幫助你處理辦公室的繁瑣事務，把你從辦公室的繁瑣事務中解脫出來。」

當魯賓遜提出所有經濟實惠要現金不要股票時，詹森又耐心地告訴他股票在過去幾年中如何漲價，利益如何可觀，利息如何高等等，同時還強調，他會向魯賓遜提供長期的安全福利。

對於魯賓遜來說，這些條件滿足了他的迫切需要，即他的出版業有了足夠資金和擴展業務的財力保證，破產的危險大為減少，無論是眼前看得見的現金收入還是未來的長期利益，對他都是不小的誘惑。於是魯賓遜同意將他的雜誌轉手給詹森，並投到詹森的旗下。詹森花費了比別人少得多的投入，卻得到了自己想要的東西。

一個人只有在一定的環境和組織中被需要的時候，才不會產生「英雄無用武之地」的落魄感。也只有在被需要的時候，才能證明自己的才能；也只有被別人需要，才能發現自身的優點和長處，並在適當的機會施展出來；也只有在被需要的情況下，才能讓更多的人記住你，得到更多的人脈。

因此，扮演別人需要的角色，才能贏得別人的認可。在別人需要的時候，做好自己，發揮自己的潛能，讓自己的價值最大化。只有當你被別人需要的時候，你才不會被拋棄。

23 多交幾個獵頭朋友

交友，應本著誠摯之心，但如果誠摯的對象剛巧是能為自己提供幫助之人，則是再好不過的事情了。結交一些能在事業上幫助自己的人，如獵頭，雖非本著利益而交，卻也能在需要之時獲得意外的收穫。

獵頭公司每天都會收到這樣的業務訂單——「我們公司希望能夠找到符合下列條件的人才」。也許你會問，我也符合這些條件，為什麼獵頭從來沒有找到我呢？這是因為，獵頭公司並不是從零開始尋找人才，而是會事先考察別人推薦的、網站報紙雜誌上推薦的人才，以及自己已經認識的人才。因此，如果你能夠和獵頭直接建立人脈關係，趁早讓他瞭解你的工作能力和經驗，那麼當機會來臨時，就會立刻出現在他的備選名單中。

白穗在快速消費品行業做銷售工作，一次經過朋友的介紹，認識了一位獵頭朋友。此後，白穗主動地與這位獵頭保持著聯繫，時不時地約對方出來吃飯，交流工作或生活上的心得感受。每逢過節的時候，也不忘給對方捎去祝福或一份小禮物。時間久了，這位獵頭對白穗的印象越來越好。

一天，這位獵頭給白穗打了一通電話，說有一家外企正在招聘銷售總監，也是快速消費品行業，待遇不錯。他覺得白穗的工作經驗與能力能夠勝任此職位，問白穗想不想試試。當時白穗正好也有跳槽的打算，於是毫不猶豫地接受了。

在去外企面試之前，獵頭還特地向白穗提供了許多中肯的建議，告訴白穗如何通過面試細節上的處理博得面試官的好感。

由於有了充分的、有針對性的準備，白穗順利地得到了這份工作。

白穗能夠跳槽成功，這位獵頭的作用不可以忽視。他不僅給白穗提供了招聘資訊，同時也提了不少建議，讓她避免不必要的錯誤，最終實現了職場的飛躍。

普通人與獵頭做朋友，最大的好處就是節省了大量盲目求索的時間和精力，用別人的智慧來幫自己找一個相對好的位置。就像找房子一樣，說出你自己接受的價碼、位置、戶型，專業的仲介馬上就能給你鎖定幾間房子供你選擇。

雖然有時你工作穩定，暫時不需要找工作，但是經常與獵頭朋友聊天，一方面你可以得到自己想要的資訊，同時，你也可以把你掌握的資訊和獵頭分享，讓獵頭瞭解你，那麼，也許下一次機會就是你的。同時，由於你的合作和友好，在獵頭圈子也會有良好的口碑，這對自身品牌的塑造、獲得更好的職場機遇也有好處。

不過，和獵頭做朋友不是你說想做就能做成的。對普通人來說，很多人可能還「不夠格」，不能成為獵頭的注意對象。這時候就需要你苦練內功，同時也廣結善緣。比如，你可以經常登錄一些求職網站，張貼你的簡歷，並經常投遞一下簡歷，讓獵頭擁有你的第一手資料，一旦他們需要你這方面人才的時候，自然會先想到你。另外，要多參加一些社交活動，增加媒體的關注，也是增加和獵頭接觸的好機會。

此外，雖然你不認識獵頭，但是你的某個朋友可能認識獵頭，這時候，與這個朋友保持良好的關係就顯得十分重要了。其實說到底，任何人都可能成為你的「獵頭」，而這些「獵頭」可以在關鍵時候助你一臂之力。

24 結交自己行業以外的人脈

管理學大師曾仕強在《圓通的人際關係》中指出，我們拓展人際關係時，要結交各方面的朋友，將來有困難時，才會有人來幫助你，因為人心是很複雜的，你認為能救你的人將來可能會害你，你認為與你毫無關係的人，將來也可能會成為你的死敵，所以只有廣交朋友，才能保證在你需要時，有人會伸出援手幫助你。最可怕的就是只與和自己工作相關的人交往，而不接觸工作之外的人。

紀江有個同學，念大學時就顯得比別的同學懂得多，畢業十幾年後見到他，他還是懂得比紀江認識的人都多。有一次聊天，這位同學無意中說出他喜歡向不同行業的人吸取知識！一語驚醒夢中人，難怪他一碰到紀江就一直和紀江談他的工作，而紀江對他那一行卻霧裡看花，一知半解！

他告訴紀江，他在念書時就有這個習慣，除了看報、看雜誌，充實本業的知識，他還會想辦法和別的科系的同學聊天，所以有些科系他雖然沒有進修，但多少都懂一些。此外，他也和來自不同地方、不同背景的同學聊天，所以才到大三，就已像一個工作好幾年的人一樣了。開始上班後，他更把這個習慣融入到工作中。他和同一單位、不同專長、不同背景的人聊天，也和不同單位的人聊天，更和非本行的外界人士聊天，不僅豐富了他的知識，也豐富了他的人脈。

透過和不同行業的人的廣泛接觸，紀江的這位同學所掌握的知識越來越多。他現在是一家外資公司的經理，而他的升遷和他的「習慣」是不是有直接關係，我們不得而知，但沒有直接關係，至少也有間接關係。因為對不同行業瞭解得多，不僅有助於對本行的判斷和思考，而且朋友也會增多，做事更方便！最可貴的是，他所得到的都是「第一手」的經驗，都是各行業菁英們的切身體會，這價值遠非報紙雜誌和書本所能比！

不要認為和你不相干的行業的人就和你的工作不相干，這些人就不值得你尊敬。各種行業都是有依存關係的，所以，打開你的心靈大門去接納各種不同背景、不同行業的人脈，並抓住一切機會向他們求教。

此外，如果能夠把工作之外的人脈關係引入公司內部，那麼就有可能創造出「三贏」的積極作用。

坂田篤史在他的書中提到，「我經常會向上司推薦一些對公司有用的人才，由於我所在的公司是一家諮詢公司，所以，透過引入外界人才召開一些研討會等的事件，無論是對公司外部的人脈關係的發展，還是對公司內部的人際交往的發展，都會產生積極作用。一方面會給對方（外部人脈關係）帶來額外的利益，另一方面也為公司的發展提供積極因素，而且，如果我在公司外部建立的人脈關係，在公司裡得到了好評，那麼我將成為公司裡無可取代的關鍵人物。」

人們常說「隔行如隔山」、「每個人都有自己的交際圈」，其實，在營造人脈的過程中，這兩種觀點都要摒棄。我們必須努力地與自己毫無關係的行業人員接觸，並學習其他行業的知識。只固守在自己的同行之中，我們就無法建立多層面的人際關係。或許你覺得自己已經具備了完整的專業知識，但在這個複雜的社會中，只具備自己工作領域的知識是不夠的，而一點兒也不瞭解其他行業的人的想法與行為，就無法達到自我成長的目的，不能成為一個真正的成功者。

25 抓住關鍵性關係

先請大家看一個故事：

一天，有一大群人圍在一起議論一個名叫約翰的人。

「約翰的朋友真多啊！看，出入他家裡的那些朋友都那麼氣派！」

「那是因為他事業有了起色，生意上的朋友當然會敬重他了。」

「是啊！工人們都對他很忠心，還有他那些朋友和他就像親兄弟一般。」

「依我看，他這個人真不錯，每次碰到他，他都會主動跟我打招呼！」每天給約翰家送牛奶的工人也微笑著說道。

這時一個蓬頭垢面的乞丐向他嘲諷道：「你再喜歡他，約翰也不會邀你到他家喝香檳酒的！我看你還不如他家的那條尖鼻子狗呢！」

乞丐捋了捋蓬亂的頭髮，冷笑著繼續說：「他人緣好，會交朋友？簡直就是睜眼說瞎話！他的朋友也不過都是這個小鎮上的人。我每天都在鎮上，他還不認識我呢！要比朋友，他比我可差遠了，我認識倫敦的好多人，約翰他認識嗎？」

可是沒人理會他，因為大家都知道他又在胡言亂語了。他以前只是一個跪在倫敦市街邊上乞討的人，現在整天在小鎮上遊蕩。

乞丐的話固然很可笑，但笑過之餘你是否也應該從他的話裡引發出一點關於做人的思考呢？和乞丐相比，約翰的交際範圍確實有限，僅在一個小鎮上，而和他親密接觸的人也僅僅是其中的少數。由此看來，他的人脈確實不算多。但值得人學習的是，約翰是一個真正懂得在人際交往中運用100／20人脈法則，把主要精力放在關鍵人物身上的聰明人。

「100／20人脈法則」是指借助人脈中的關鍵性關係的力量大於實現個人目標和夢想的一種方法。

其中的數字「100」代表了你人脈中的關鍵性關係，而「20」代表你的各種目標。需要注意的是，法則中的100和20並不是確切的數字，每個人的情況不同，數字也會有所差異，100和20只是提供了一種關鍵性關係和目標之間大致的比例關係。

首先要做的，是明確你的「100」和「20」。納入「100」範圍內的一定要是你的關鍵性關係，它不包括普通意義上的朋友關係。然後，你要列出你的目標清單，也就是確定「20」。你可以在一張紙上寫出你所有的目標，然後把他們放在顯眼的位置，比如貼在你臥室的牆上，總之，要讓自己經常可以看到它，以便明確方向感，不斷地提醒自己集中精力實現目標。

接下來是最重要的一步，那就是把你的「100」中的關鍵性關係和「20」中的目標聯繫起來。你會發現，你的每一個目標實際上都會涉及到某些人或者組織，因此，如果想要盡快實現目標，就要和這些人產生聯繫。因此，你需要把「20」中的目標與「100」中的關鍵性關係對應起來，讓你的關鍵性關係為你的目標提供幫助。很多時候你的「100」中的關鍵性關係只是充當中間人的角色，然而這種間接的幫助往往起到至關重要的作用。

也許你會說，你可以很容易地列出整整一張紙的目標，但關鍵性關係卻少得可憐。這並不妨礙你運用這一法則，不要忘了，地球上任何兩個人之間最遠的距離只有六個人，如果你能夠充分運用好你的關鍵性關係，就會離目標越來越近。即使你的朋友不認識那些關鍵的人物也沒關係，他們會努力透過其他方法來幫助你，別忘了他們是你的關鍵性朋友，而不是僅有點頭之交的普通熟人。

再退一步，即使你的關鍵性朋友真的無從下手幫助你，你也不妨靜下心來跟他們聊聊，也許他們的看法和建議正是你所需要的。

擅長交際的、成功的人都在實踐著「*100*／*20*人脈法則」，想辦法把你的關鍵性關係和目標連接起來，就會起到事半功倍的效果。

用*100*／*20*人脈法則管理人脈，你需要遵循以下兩點：

第一，讓80%的人喜歡你，避開20%不必交的、不可交的人。

有些人沒有必要深入交往。人來人往之中多的是遠離你生活圈子的人，多的是人走茶涼的情況，多的是萍水相逢後的忘卻……比如旅遊途中停留客店的房主、上班路上的售票員，只要不讓對方討厭自己就行了，有必要聊聊侃侃，愉快地打發一段時間就夠了。

還有的人是不可交的，所謂「擇善而交」也正是這個意思。和那些思想墮落、行動腐化、不思上進的人混在一起，只會把自己引入歧途，降低自己的人格，還是遠離他們比較好。除去這些少數的人，努力讓*80*％的人喜歡你就行了，不要苛求自己成為「萬人迷」。

第二，和你生命中重要的20％的人建立深厚的感情和密切的聯繫。

當然在*80*％的人中包括了對你非常重要的*20*％的人，你應該和他們建立親密的關係和深厚的感情。討家人的喜歡，增進和他們的感情，因為他們關乎你的成長和生活；多和學習、工作中的關鍵人物溝通，他們能幫助你順利從業、愉快工作、尋求發展，這些關乎你一生的成就；和能深入你心靈的朋友多多聯繫，這關乎你的性情和性格……

總之，利用*100*／*20*人脈法則管理人脈，避開*20*％的不可能成為朋友的人，和*80*％的人友好而安然地相處，掌握*20*％的關鍵人脈，是獲得好人緣的不二法門。

26 互換人脈，越分享越多

我們都崇尚思想的交換和碰撞，好的思想的交流能摩擦碰撞出火花，所以又有人這樣說過：你有一個蘋果，我也有一個蘋果，如果彼此交換，還是各自有一個蘋果；但是如果你有一個想法，我也有一個想法，那相互交換之後，我們就都有兩個想法。

這段話用到人脈上，我們不妨這麼來說，如果你有兩個蘋果，我也有兩個蘋果，如果彼此交換，我們每個人還是有兩個蘋果，但是如果你有兩個蘋果，而我有兩個梨，彼此交換一個後，雙方都有一個蘋果和一個梨。同樣，倘若你有一個非常好的人脈網，我也有一個非常好的人脈網，我們互相交換，那麼，你就有了兩個人脈網，我也有了兩個人脈網。因此，與他人交換人脈資源，是拓展人脈的一個良策。

如果你有*10*個朋友，你的朋友也有*10*個朋友，那麼你們互換之後，彼此就有了*20*個朋友，這何樂而不為呢！而其實我們每個人的人脈關係網中的一個小點也許能為別人帶去人脈關係網中的一條人脈線，發揮滾雪球的倍增效應，你會發現你可以以驚人的速度搭建一個新的人脈關係網。這就是與他人交換人脈資源的神奇。

有這樣一對父子，兒子是汽車推銷員，父親是保險推銷員。

有一次，兒子向一位文化名人成功推銷了一輛汽車。一個禮拜後，這位文化名人突然接到一通陌生電話：「××先生您好，我是湯姆的父親，感謝您一個禮拜前向湯姆買了一輛汽車，我今天打電話是想通知您，請您明天抽時間開車回車行進行檢查。」這位父親知道，大凡名人都很忙，一般不會隨便接受別人的邀請，所以想藉這位名人回車行的機會請他吃飯。

第二天，這位名人如約而至，檢查車況後，這位父親對他說：「××先生，為感謝您的支持，已到午餐時間，我想請您一起坐一坐，我們可以順便聊一聊如何更好地維護您的愛車。我想您不會拒絕一個做父親的請求吧？」文化名人盛情難卻，接受了邀請。

席間，這位父親說：「像您這麼成功的人士，一定會非常注意生活的品質，一定需要一份完善的保障計畫。您幫助了我兒子，您一定也會幫助我的，我這裡有一份保險計畫書，請您留意看一下。」這位文化名人面對對方的盛情，實難拒絕，不得不接過保單。

幾天後，這位父親不斷地打電話和親自拜訪，終於簽下了一份保單。同樣，這位父親的兒子也向父親的保險客戶推銷汽車。

這個例子就是人脈資源交換的有效運作。若想靠別人壯大自己的人脈關係網，首先必須有一個前提，我們所擁有的人脈資源如同做生意，也是一種平等交換。我們跟朋友之間之所以可以維持互動關係，是因為我們各自有可以提供給對方的東西，而且這種交換是不同價值的交換，是藉由交換來彌補各自的需要，這對雙方都是有意義的。

因此，年輕人，學會與你的朋友共用人脈資源吧，到時你就會發現，當你們互相交換人脈時，你們可以各自擁有更加豐富、完善的人脈資源。

第三章

20幾歲跟對人
30幾歲做對事

27 寧可拜錯神，不可跟錯人

跟對人是成功的基礎，凡是成功者莫不始於此。跟對了人，才能事半功倍，闊步向前。而一旦跟錯了人，就好比根基沒打好，後天再努力，也只會事倍功半，甚至是勞而無獲，「投入」與「產出」嚴重背離！所以，我們一定要用這句話時刻警醒自己：寧可拜錯神，不可跟錯人！

田傑畢業於一所知名大學，一次偶然的機會，田傑進入了保險行業。經過公司的一連串培訓後，田傑開始了保險銷售，因為勤懇好學，還有一個能力不錯的經理作指導，第一個月就做出了不錯的業績。僅半年時間，他就賺了不少錢，也頗受公司的重視。

這時，發生了一件意料之外的事情——田傑的經理因與公司的某位高層領導發生了衝突，一氣之下決定辭職，並很快聯繫好了「下家」，還積極勸說他直接主管的包括田傑在內的幾位員工隨他一起跳槽。雖然在目前的公司工作得很順利，但田傑為了感謝經理對他的培養，猶豫再三還是決定忍痛放棄目前的工作，跟經理一起跳槽。

新公司的制度跟原來的公司有很大的不同，田傑一時感到非常不適應，可是因為有經理罩著，田傑很放心。可是還沒等他調整好工作狀態，經理就和另一個跟他一塊跳槽過來的同事突然辭職了，連招呼都沒跟他打，後來才聽說，原來經理被獵頭挖到一家外企做主管了，只帶走了那個能力較強的同事，卻把他留在了這家公司。田傑在新公司裡感到很孤獨，也適應不了公司的制度，然後接連幾個月沒有一點業績，他不得不遞上辭職信，重新加入了求職者的行列。

職場上像田傑這樣的人有很多，有的人跳槽是為了能有更多的薪水，有的人是為了發揮自己的專長，有的人是為以後自己創業累積經驗和關係。而田傑跳槽，是受其上司「煽動」，最後被上司「甩了包袱」，這種情況，往往是跳槽上司受益，而跟隨者遭殃。可見，跟對人對一個職場人士來說是至關重要的。

在生活中，我們經常會看到這樣的一些情景：很多有才華的人，一方面他們才華橫溢，能力非凡，在學校他們是眾多同學仰慕的「明星」，步入社會他們也會因為個人獨特的魅力吸引眾多關注的目光；但是他們中的多數人，最後並沒有創卜什麼值得稱道的建樹，有的甚至平庸無奇。

這些人為什麼會一事無成呢？關鍵是他們忽略了一個重要的客觀因素——金子本身是不會發光的，只有具備了光的照射，金子才會光彩奪目！這正如一個有才華的人，空有其才華，卻沒有一個伯樂賞識他，給他提供一個發展和表演的舞臺，那麼他的最終結果，只能是「滿腔才華付諸流水」，落魄一生。

另外還有一個奇怪的現象，那就是很多人並沒有什麼特質，他們根本就不像是能做大事的人，可是最後他們卻獲得了巨大的成功，究其原因，就是他們跟對了人。

前者沒有跟對人，有才華也被埋沒了；後者跟對了人，即使資質普通，卻出乎意料地取得了驚人的成績。生活中類似的例子已經數不勝數，如果你細心就能發現，這個道理處處都在被驗證著。我們平時看的電影、電視劇也常會出現這樣的鏡頭：跟著正派人物，雖然受盡磨難、半生辛苦，但苦盡甘來，終有所成；而跟了邪惡勢力，雖說耀武揚威，逞強一時，但最後多半毀在自己人手裡，被自家人出賣，擋了槍口，背了黑鍋！

跟對人是成功路上重要的一環。一個好的領路人是你成功路上的一盞明燈，能照亮你的前景。而跟錯了人就好比半路遇到一隻攔路虎，會讓你的成功之路更加坎坷。

28 挑好教練：面試你的老闆

一個人肚子裡裝滿才華，就好比一家小店進滿了貨，進貨的目的是為了賣出去，這就需要找到一個合適的老闆，在「老闆」的財力和精神支持下，小店才能經營得有聲有色；而一個有才華的人也需要這樣一位「識貨」老闆，將肚子裡的「才華」賣出去，唯有如此，有才華的人才能找到用武之地，實現自己的人生理想。

如果有貨，而找到一位不「識貨」的老闆，是小店，小店就會貨物滯倉，長此以往，「店將不店」，遲早關門歇業；是人，則「人將不才」，你受到的不是人才的待遇，是連一般人都不如的待遇。將自己的「貨」賣出去，一直賣到清倉、進貨、再清倉，你才有可能發財，職場上成功的人莫不是如此。

能否找到一位合適的老闆，你的情況會有天壤之別。張飛在市井混時，結識過大批小流氓和小老闆，可是依然得靠賣豬肉為生，而跟隨了劉備後，張飛才得以成為叱吒一時的大將。可見，選對老闆跟對人，對於一個有才華的人來說是多麼重要。

一個老闆無法用「好」或「不好」加以評判，所以二三十歲的年輕人要想選對老闆，必須以360度觀察自己要選的老闆，找到最適合自己的那個老闆。

中醫在為病人治病時講究望、聞、問、切，這個「四字法則」同樣可以運用於選擇和觀察老闆上。具體來說，是以下這樣操作的：

1．望——看問題

望，主要是看兩方面的問題。首先，看老闆對待他親人的態度怎樣。如果一個老闆對自己的親人都無情無義，不能妥善處理自己的家庭關係，那麼這樣的老闆切不可跟。跟著這樣的人，你也只能成為他的一塊墊腳石。只有有情有義的老闆，才值得跟。

其次，看老闆對待下屬的態度。往往一個老闆對待下屬的態度直接表明了他對待事業的態度。正所謂「水能載舟，亦能覆舟」，員工是老闆事業發展下去的基礎，他對屬下員工的重視程度，直接影響到整個團隊能否團結起來、凝聚成一體。

望，是選擇的第一關——「眼關」。雖然這是一個主觀臆斷的過程，但是二、三十歲的年輕人還是可以透過細節觀察，比如觀察企業的組織結構、人員特點、文化氛圍等，做出一些結論來的。

2．聞——聽結論

聽，也可以從兩方面著手。首先，聽以前的部下怎麼說。一般在老闆的手下做事時，當然許多話是敢怒而不敢言的，但是一個已經離開的舊部下說的話就具有很大的參考價值。所以選擇跟某個老闆之前，二、三十歲的年輕人不妨瞭解舊部下對其看法，然後再做進一步的判斷。

其次，有時不妨也聽聽小客戶的評論。對於大客戶，老闆當然會不敢怠慢，自然是殷勤有禮。但是如果對待自己的小客戶也能做到如此，不鄙視，服務周到，這樣的老闆是很值得追隨的。

聽，是選擇的第二關「耳關」，身在職場，有時「聞」絕對要比「說」來得管用，不妨做一個聰明的傾聽者，你會得到很多真誠的心，獲取很多意外而及時的資訊。

3．問——找內因

問，是選擇的第三關「嘴關」，即直接跟老闆去面對面，與他進行交談。瞭解一個人的最好方式，莫過於跟他單獨在一起，你可以向他提問或者就是平常的閒聊，透過與他交談，你會瞭解到這個人外表上看不出的東西，會挖掘到他內在的那些元素。一個老闆能不能成功的重要因素，還是在於內因。你對他的內在因素瞭解了，就可以決定能不能跟這個老闆了。

「問」是一個客觀判斷的過程。透過雙方的交流，最主要的目的就是達成共識。確保員工能得到高層的認可，而老闆也能得到員工的認同。這也可以說是找到雙方的資訊對稱點，增加彼此的信任。

4．切——做判斷

切，是選擇的最後階段，也是最後一關「心關」。這是一個統覽全域的過程，需要分析、組合、搭配前面望、聞、問所獲的資訊、線索、資料等，做出最後的決斷。

除了望聞問切四個辦法，以下幾點條件也是判斷一個老闆好壞的標準：

1. 無論學歷如何，對商海有獨到見解，對自己有堅強信心的人。你不是在選教授，不一定非要選擇高學歷。只要對方精於商場，在商場上能夠節節取勝，這樣你也才有可能從士兵升到將軍。

2. 無論文化如何，求知若渴、孜孜以求的人。無知的人是最易滿足的人，反過來講，不滿足的人往往有知有識，進步飛速。

3. 上班比員工還準時的人。起碼說明他對自己是負責的，如果對自己都不負責，如何對別人負責？

4. 格外遵守時間的人。不因內部開會而遲到，也不虛假解釋，在沒有人敢對他指責的情況下，準時是他的人品和素質的反映。

5. 凡事有原則的人。獎勵你有獎勵你的原則，懲罰你有懲罰你的原則，不以個人情緒為

轉移。只有獎懲分明才能帶動一支隊伍。

6.心胸坦蕩，不計較針針線線的人。一個老闆要能容人，容不得人如何納千軍萬馬？員工打個哈欠，他非說壞了他的財氣，這樣的人不可跟。

7.有膽量和魄力的人。什麼叫膽量？就是別人不敢他敢，當然違法犯罪的事除外。什麼叫魄力？就是別人只想著做1萬元錢的事，他在想著做1000萬的事，當然空想也沒用。畫餅充饑只一味許諾卻從不實現的人不要跟也不能跟。

8.不妒賢嫉能的人，永遠能夠看到別人的優點的人是首選的對象。如果是那種看見別人好，自己就睡不著覺，看見別人不行，又在那兒罵罵咧咧，永遠是別人不對。跟著這樣的人，你永遠沒有出頭之日。

這只是幾點建議，究竟如何選擇最適合自己的老闆，就像如何選擇最適合你的對象一樣沒有統一的標準。重要的是你要有挑選老闆的意識，跟一個優秀的老闆能夠省掉很多你自己摸索的時間，更快的超越別人。

29 職場成功，自己摸索不如尋找領路人

要想提高自己的能力，必須向他人學習。尤其是職場中的新人，自己付出努力固然重要，但是更重要的是向身邊的人學習，尤其是那些比你更優秀的人，如卓越的同事、老闆、上級。汲取他人好的方面，不斷完善自己，才會讓自己更快的成長。

老闆交代的新專案開發策劃折磨了傑米整整一週，雖然在進入微軟之前傑米對公司的嚴格已有心理準備，但一次次被退回，一遍遍地承受老闆失望的眼神，傑米覺得自己快要崩潰了。他甚至做好了辭職的準備。這天一上班，面對又一次被退回的策劃案，傑米木然地坐著。

「嗨！」有人拍拍他的肩膀友好地打招呼，「你的表情好酷！遇到什麼事了嗎？」

傑米抬起頭，看到一張燦爛的笑臉，是同事大衛。傑米忍不住把自己的困境告訴了大衛。大衛微笑著告訴他，其實事情沒有那麼難，關鍵是你還沒有瞭解老闆的風格，如果策劃案能夠更貼近老闆的心，就不必大費周折了。大衛指著左前方的一個背影說：「威廉是公司策劃高手，他對老闆的要求很瞭解，你可以去請教他。當然他不會替你完成這個策劃，不過他肯

定能給你提供寶貴的建議。」

傑米謙虛地向威廉請教，威廉很中肯地提出了一些修改意見，並告訴他一個竅門：「經理自己就是策劃出身，每次溝通時不妨徵求他的建議，仔細聆聽他的意見，你會學到很多東西，很快就會成長起來。」

果然，按照威廉的建議修改的策劃案順利通過了經理的審核，以後每次和經理的溝通，傑米都受益匪淺，而且他也發現自己身邊的同事個個「身懷絕技」，自己遇到困難時總能從他們那裡得到中肯的建議。

一個人初到某個新的單位，沒有方向是很正常的，從現在起，謙虛地向身邊的同事請教。透過向同事學習，你將會發現，你的視野更加開闊，你的思路更加通透，你的境界更加高遠，你的職場之路也會越來越寬闊。

30 高瞻遠矚的老闆值得跟

每年，都會有很多新公司如雨後春筍般冒出來，但僅僅一兩年，這些公司可能又會如潮水般成批地退出了市場的舞臺，為什麼呢？其實這和公司的老闆息息相關，因為老闆沒有做好公司的市場定位，只看見眼前的利益，忽視了長久的打算，所以公司也只能是曇花一現了。

如果年輕人跟的是這樣一位老闆，那不可避免，你也將跟著這樣的老闆這樣的公司經歷一段「曇花一現」的職業生涯。如果不幸你一直跟的都是這樣的老闆，那麼你的職業生涯將是岌岌可危的，你可能一直在跳槽，一直很勤奮，最後卻仍然一事無成。這就是沒跟對老闆的重要原因。

職場上要「高瞻」才能「遠矚」，選擇老闆時也要選擇一位高瞻遠矚、能長久生存下去的老闆，這樣你才能實現自身的價值、獲得成功。

高瞻遠矚，從字面上理解，是「站得高，才能望得遠」；從思維的深度來看，是指人的遠見卓識，是對事物發展的預見和認識的深度。這是評判一個老闆是否具有前途的重要標準，也是你選擇一個老闆的依據。

有這樣一個故事：

曾經有兩位企業家都想在某郊區投資地產，於是專門前去調查那裡的具體情況。結果一個老闆在考察中發現那裡人口稀少，於是認定那些房產業發展機會渺茫，房子建好了估計也沒有多少人來住，於是果斷放棄。而第二個老闆在考察完後，覺得該地雖然人口稀少，但環境幽雅，人們厭倦了城市的喧囂，一定會喜歡在那裡安置生活。於是第二個老闆果斷投資。

果然不出所料，城裡人越來越嚮往郊區悠閒生活，尤其是一些有院子的別墅，特別受歡迎。

由於第一位老闆只看得見眼前的景象，卻沒有從當前的情況分析出有用的資訊，而錯過了一次絕好的機會。第二位老闆高瞻遠矚，從當前的情況預見到了未來，抓住了這次賺錢的機會，取得了巨大的成功。

人生在世做任何事，都不可能一帆風順。而作為一個老闆，遇到挫折與磨難的可能性會大得多，數目也會多得多。但是一個目光長遠的人，面對困難時會不退縮、不動搖。他們能夠始終把自己的目光放在最終目標上，確定他們每走一步都不會違背自己所確定的最重要的標準。

目光長遠的人，能清楚地知道自己想要什麼，他們不會讓其他人的想法和觀點左右自己。他們有堅強的意志力，他們睿智而富有思想。他們總是能完成一些其他人認為不司能完成的任務。他們擁有高度的熱情、使命感和自信心。他們能夠在最大限度內運用自己的技能、天賦、精力和知識。他們做應該做的事，而且不僅僅是自己感興趣的事，他們會為了完成某項工作而付出最大的努力。

跟了這樣一位老闆，二三十歲的年輕人的未來一定能真正輝煌起來，同時在這樣的老闆手下多多磨礪，可以學到更多成功路上必備的經驗。

31 信守承諾的老闆值得跟

一個會信守承諾的人，大家都願意和其打交道。職場上也同樣如此。一個從不履行承諾的老闆，最終難逃的一個結局即是眾叛親離，鬱鬱寡終！

不信守承諾的老闆在人與人的交往上無義氣可言，他們最害怕的就是分享，在他們心裡相互之間只有利益和利用之分，圈子的概念嚴重，會用「我們是否還是朋友」來界定對方。

相反，一個一諾千金的老闆，即使在最艱難的時候也會牢記自己曾經許下的承諾，等將來時來運轉，他就會兌現自己的承諾。

在《贏在中國》的節目裡，馬雲曾講述他自己的一段親身經歷：

「大學畢業的時候，我在校門口碰到我們校長，我們校長跟我講，馬雲你到那個學校，5年以內不許出來。我腦袋一拍，好，5年內我不出來。但是我沒有想到，我分配到那個學校，一個月工資只有89元。後來深圳改革開放給我1200元。我那時候壓力很大，那邊是1200元，我說承諾就是承諾，不去就不去。第三年海南開放給我3600元，我那時還是九十多元，所以我說承諾就是承諾，就是去了。但是沒有想到在學校裡教書這5年，給了我無數的好處，懂得了什麼叫做浮躁，什麼叫做不浮躁。

「很多人會講到，不想當將軍的士兵不是好士兵，但是我認為當不好士兵的人，永遠也當不了一個偉大的將軍，所以每個人都得沉得下去。」

馬雲正是一個信守承諾的老闆，他的成績也是有目共睹的。阿里巴巴上市以後，馬雲也兌現了他曾經許給部下的承諾：在他的手下，一下子冒出來很多富翁，上千個百萬富翁。人們紛紛評論：馬雲的確是對得起兄弟的漢子。

同樣以阿里巴巴為例，阿里巴巴「開國功臣」之一的蔡崇信，本來是到阿里巴巴來探討投資可能性的，幾次接觸下來，蔡崇信被馬雲的思維和熱情給「捕獲」了。當他對馬雲說要拋下75萬美元年薪，願意加盟阿里巴巴領取500元薪水時，著實把馬雲嚇了一跳；吳炯是雅虎搜尋引擎及其許多應用技術的首席設計師，作為唯一發明人，吳炯獲得美國授予的搜尋引擎核心技術專利，於2000年5月加盟阿里巴巴。此外，2001年，在GE工作了16年的關明生加入阿里巴巴；2003年，微軟（中國）原人事總監和聯想網站原財務總監加盟阿里巴巴；美國運通卡的市場總裁也加盟阿里巴巴作為負責市場開拓的副總裁。

這些無一不證明了馬雲的巨大人格魅力，也證明了會給人承諾並嚴守承諾的老闆的魅力。

職場上，年輕人一定要跟著這樣的老闆。只有跟著這樣的老闆，你才能踏實地在他手下做事，努力實現自身的價值。

32 正直大度的老闆值得跟

對一個公司而言，老闆是不折不扣的靈魂人物，他的人品和素質對公司企業文化的形成起著決定性作用。一個企業如果能夠擁有良好的企業文化，那麼它肯定也是一個各方面都很優秀的企業。企業的文化修養不僅會影響到員工的情緒和鬥志，同時也會間接影響到你的能力發展空間和事業成長的速度。因此，二三十歲的年輕人在選擇老闆時，一個老闆的人品一定要優先考慮。

正直的老闆往往具有以下其他老闆所不具有的特性，這些特性往往是成功者不可少的：

*1.*正直的老闆頭腦冷靜，腳踏實地。有不少一旦取得一點成績，即使是很小的，便好高騖遠，心比天高，這並不是好事。能成大器的老闆，不會因為眼前一時的順逆而情緒失常。他們始終目光長遠，會將長遠目標具體落實到每一步的行動，更不會為了一些所謂的「捷徑」和暴利而「蠢蠢欲動」。

*2.*正直的老闆抓大放小，敢於放手用人。正直的老闆善於為自己的工作分類，知道哪類工作是重要的，哪類工作是不重要的，會先著手處理最重要的事情，把具體工作大膽委託能勝任的人，而不會徇私情，任人唯親。

*3.*正直的老闆以身作則，賞罰分明，以身作則，遇到困難，絕不會逃避，把問題拋給下屬；對於肯上進、富有進取心的下屬會給予獎勵，對懶惰不負責任的下屬給予嚴厲懲罰。獎

賞不逾時，懲罰不避親疏。

4.正直的老闆理解別人，善於傾聽。許多人當上老闆後，就覺得天下都是自己的了，把自己看成命令的發佈者和正確答案的提供者。他們每天向員工發出各種指示，卻從不聽他們說什麼。這樣做很容易扼殺下屬的創造性、能動性和自尊心。正直的老闆絕不會擺架子，而是主動與下屬溝通，對員工的生活狀態和工作情況都瞭若指掌。這樣，他在市場競爭中才能做到知己知彼。

5.正直的老闆注重員工，他們把員工當成自己的合作人，也從不跟下屬爭功，他把員工視為從事一項偉業的合作夥伴，並按員工的工作業績給予合理的報酬。

6.正直的老闆有自己的做事原則，他們絕不會越雷池半步，許多事點到為止，這在把握公司大動向方面可以起到力挽狂瀾的作用。

7.正直的老闆懂得「雙贏」的道理。他知道單方面盈利的買賣不可能成就真正的品牌和長遠的基業。他們會和客戶共同成長，不僅要求自己獲利，也爭取讓每一位與自己合作的客戶都能獲利，這樣就建立了事業的良性發展基礎。

如果你發現你的老闆具備了上述幾個條件，那就不要東張西望、猶豫不決了，死心塌地跟他做事，你一定會出人頭地。

33 事必躬親的老闆不能跟

什麼是「事必躬親」型的老闆？

一般來說，這樣的老闆工作中都會帶有「每一件事情我不經手就一定會出差錯」的想法，所以他們總是小心謹慎地應對每一件事。其實在他們心裡這是他們引以為傲的一件事，他們還喜歡說的另一句話就是「累死了」，但是臉上卻表現出很知足的樣子。這類老闆的心理定勢就是「能者多勞」，他們認為誰最「累」便是誰最「能」，老闆當然不會放過這樣的「殊榮」。

生活中，事必躬親的老闆並不少見，尤其是一些小公司。老闆的事必躬親一般出於以下三個原因：

一是出於利益上的考慮，認為只要自己多做一些就可以少請一名員工，少請一名員工，就可以少發放一份工資，節約成本。對於工作量小的員工可以降低他的待遇，要是員工不滿就跟他一項一項地悉數工作內容，讓他無言以辯。

二是過分相信自己的能力，認為只有自己才能把事情辦好；也有少數老闆畏懼下屬的能力，擔心一旦授權會「功高蓋主」；有的老闆有強烈的權力欲望，只有事必躬親，才能顯示自己是有權力的人，不要說授權，就是下屬職責範圍內的事也要插手。

三是老闆對員工有偏見，對其毫不信任，所以自己把持著公司裡幾乎所有的權力，無論什麼事只有自己親自做才放心，只要是和公司有關的事，事無巨細，沒有他的同意哪件事都別想開展下去，即使是很小的辦公用品都要到他指定的地點購買。員工無須考慮該不該做或者某件事對企業是否有利，只要執行老闆的命令就行了！

事必躬親的結果往往是企業內部舞弊、分權不均，職位形同虛設。

有一家餐飲業的老闆，短短幾年，他便把一個大排檔發展成為一家有數家分店的餐飲連鎖企業，企業越大，他就越忙，天天「兩眼一睜，忙到熄燈」。

於是聘請了一位總經理，但由於老闆大權獨攬，小權不放，動輒「一竿子到底」，這位老總也大小事情都向老闆彙報，將自己的功能降到樓面經理的位置。由於老闆不懂、不肯、不會授權，也沒有激發下屬的潛能，企業的各類事情只能被動應對，碰到什麼突發、緊急事情，常常顧前不顧後。

「吃飯有人找，睡覺有人喊，走路有人攔」是這位老闆每天的生活寫照。最後，由於終年勞累，還落了一身的病。

做老闆像例子裡的這樣事必躬親，大事小事一手抓，只會埋沒下屬的能力，讓自己疲憊不堪，是很不值得的。一個明智的有遠見的老闆一定是一個懂得授權的人，他會讓下屬忙碌，而自己則樂得清閒。

授權指的是老闆根據工作需要，將自己擁有的一部分權力和責任委授給下屬去執行，讓下屬在公司嚴格的制度下放手工作的一種領導藝術。「想大事、抓根本、懂授權、真信任」是領導者舉重若輕的法寶。一個老闆應該懂得，適當地授權可以減輕自己的工作負擔，讓自己從瑣碎的事務中解脫出來，集中精力想大事做大事。發揮下屬的專長，增強組織的凝聚力和戰鬥力，建立團隊精神等，這些企業的大事才是一個老闆應該做的。

老闆應該抓大放小，把握好大的方向，引領自己的企業走在正確的道路上，至於具體該怎麼做則是下屬的事。如果老闆分不清輕重，什麼都做，甚至把員工該做的都做了，那員工做什麼？沒有任何一個團隊，僅憑老闆一人單槍匹馬就可打天下的，現實的世界不存在「孤膽英雄」，老闆頂多是隊長，他的心中必須時時刻刻樹起一支團隊的旗子。

一個能成大事的老闆會懂得抓大事、議大事，而把具體的事務交給下屬去做，激勵下屬創造性地開展工作，這樣，不僅能解脫自己，還能充分地調動下屬的主觀能動性，取得最佳工作效益。二三十歲的年輕人在職場中跟對了懂得授權的老闆，才有可能充分發揮個人才能，不斷得到提升。而那些事無巨細都要過問的老闆，只會限制你的發展。

34 過河拆橋的老闆不能跟

不知道有沒有人碰到過這樣的老闆：在要你做事前或者事情還沒辦成前，對你恭恭敬敬，說話也十分客氣。可是一旦事情完成後，就對你十分冷淡，好像你欠了他多少錢似的。假如你有絲毫妨礙到他的地方，他會千方百計地除掉你。

這樣的老闆，就是過河拆橋型的老闆。碰到這樣的老闆，二三十歲的年輕人可千萬不能掉以輕心。老闆的「過河拆橋行為」，也會使得其內無可用之才，外無誠信可言，最後適得其反、自食惡果。

越王勾踐滅了吳國，在吳宮歡宴群臣時，立下汗馬功勞的范蠡卻不知去向，第二天在太湖邊有人找到了范蠡的外衣，大家都以為范蠡投湖自殺了。可是過了不久，文種收到范蠡悄悄託人送來的一封信，上面寫著：

「飛鳥盡，良弓藏；狡兔死，走狗烹；敵國破，謀臣亡。」

文種此時方知范蠡並未死去，而是隱居了起來。

他雖然不盡相信信中所說的話，但從此常告病不去上朝，日久引起勾踐疑忌。一天勾踐登門探望文種，臨別留下佩劍一把。文種見劍鞘上有「屬鏤」二字，正是當年吳王夫差逼忠良伍子胥自殺的那把劍。他明白勾踐的用意，悔不該不聽范蠡的勸告，只得引劍自盡。

歷史上「過河拆橋」的案例數不勝數，他們的結局也給二三十歲的年輕人敲響了一次又一次的警鐘，可是在我們的現實生活中，仍然有許多人樂此不疲。

有一個人曾是一家世界級連鎖企業的中國區主管，幫助公司從原來在中國的幾十家店拓展到上千家店，公司的營業額也由原來的幾千萬元上升到現在的幾十億，公司的品牌和知名度都得到了大幅度提升。

公司私下向他透露，打算任命他為中國區總裁，同時，公司進行了業務重組，公司在中國各部門的業務由美國總部的相應部門負責，總裁對此無權干涉，直接向總部報告，這實際意味著他的權力被架空。

「重組的結果將是，我每天坐在辦公室裡無事可做，只能看著各部門忙忙碌碌。對於公司的這個決定，我心裡很是難受，想起了演藝圈那些曾經被公司或者電視臺『冷凍』的藝人，我彷彿也被公司『冷凍』了。」這個人這樣對朋友說。

朋友於是勸他乾脆自己創業算了，後來他真的創立了自己的公司，而且也取得了巨大的成功。在接受採訪、介紹自己的成功經驗時，他說道：把你的員工「伺候」好，「水能載舟亦能覆舟」，就算不得已，要裁員或是「過河拆橋」，也要把員工安撫好！

企業都希望重用能創造別人創造不了的價值的人。但是，當某一天企業發現這些曾為企業創造巨大價值的人已經不能滿足他們新的需求時或者當這些人才「人老珠黃」再也創造不出什麼價值的時候，這些企業就會毫不留情的請這些人走人！

為了改變這個殘酷的事實，二三十歲的年輕人在選擇老闆時一定要注意，避免挑選喜歡過河拆橋的老闆，同時也要提醒自己時時更新、不斷充電，使自己永遠為人所用，這才是硬道理。

35 心胸狹窄的老闆不能跟

心胸狹窄的老闆，最顯著的一個特點就是不能容忍比自己強的人。他的這種自私的特性決定了他的世界裡只能有他自己。如果有人比他強了，他就會感覺自己成了別人的陪襯，於是就會煩躁不安、心神不安，總想採取點措施，把對方從比自己高的位置上拉下來。

這樣的老闆極度敏感而且自尊心極強，這種強大的自尊心並不是因為他的自信產生的，而往往是他深度的自卑導致的。別人的一些無心的舉動，一些隨意的言談，都會讓他過於敏感，心裡會有一層揮之不去的陰影。所以很多時候他對別人報復，只是因為別人不經意傷害了他，他卻無法釋懷。他只想著怎樣讓別人也受到更大的傷害，只有別人受到的傷害遠勝於自己時，他才能感到一絲快感。

和心胸狹窄的人在一起，*20*幾歲年輕人需要提起十二分精神，以免不知道什麼時候得罪了對方，而使自己處於極為不利的地位。

兩個世紀前的某一天，美國發明家富爾頓來到了金碧輝煌的凡爾賽宮，他剛發明了蒸汽機鐵甲戰船，正興致勃勃地向拿破崙建議，用之取代當時法國的木製艦船。毫無疑問，蒸汽機鐵甲戰船比木製戰船要先進得多，威力也不可同日而語。

眼看拿破崙就要被富爾頓說動，準備採納富爾頓的建議時，拿破崙臉色陡變，兩眼放射出難以抑制的怒火，眼睛直逼向富爾頓。合作告吹了，而莫名其妙的富爾頓也許永遠不會知道，他失敗的原因完全在於他毫不在意地順口恭維了拿破崙一句：「偉大的陛下，您將成為世界上真正最高大的人！」

在這裡，富爾頓想表達的是「高貴」、「崇高」的意思，但他一不留神把法語的「高貴、崇高」一詞說成了「高大」，恰恰富爾頓自己身材高大，這一下正好擊中了拿破崙最自卑、最害怕被別人嘲笑的生理短處——個子很矮。

拿破崙又自卑又嫉恨，他對高個子的富爾頓咆哮道：「滾吧！先生！我不認為你是個騙子，但認為你是十足的蠢貨！」這之後，富爾頓的發明專利被英國購買，自此英國憑藉強大的海軍，確立了世界海上霸主的地位，法國卻遠遠落在了後面。

直到*20*世紀*30*年代末，愛因斯坦在建議美國總統羅斯福迅速研製原子彈的信裡才又一次重提舊事：「總統先生，如果*1803*年拿破崙接受了富爾頓關於建造蒸汽機軍艦的建議，今天的世界格局將不會是這樣！」

拿破崙因為其心胸狹窄，無法容忍別人無意間使用的「高大」一詞就拒絕了一項偉大的發明，也失去了一次稱霸世界的絕佳機會。這也同樣適用於職場，如果二三十歲的年輕人跟著這樣的老闆工作，因為其心胸狹窄而拒絕發展公司的良好機會，那麼自己的大好前程也會被斷送了。

同時由於心胸狹窄的老闆喜歡壓制他人，透過壓制使得別人不能超過自己，使自己永遠保住第一的位置。所以二三十歲的年輕人跟著這樣的老闆，永遠無法發揮自己的真正實力。因此在選擇老闆時，一定要放亮眼睛，避免撞在這樣的槍口上。

36 以老闆為榜樣，是老闆更是老師

在優秀的企業裡，老闆本身便是最優秀的員工。對於員工來說，他們不僅是老闆，更是老師。在他們身上，有許許多多的品質值得我們學習。例如，沃爾瑪的創始人山姆．沃爾頓本身便是節儉的典型；松下電器的松下幸之助便是無私奉獻的模範；中國的李嘉誠更是艱苦奮鬥的突出代表……在這些成功者的身上，有著太多太多優秀的品質，值得二三十歲的年輕人細細品味和認真學習。

哪怕是在一些相對平凡的企業裡，老闆也有著其過人之處，或雷厲風行，或賞罰分明，或平易近人，或認真負責。員工要善於觀察和思考他們與眾不同的地方，從他們身上學習自己尚不具備的品質。

早在澳洲留學的時候，方傑就有意識地到澳洲最大的燈具公司*LIGHTUP*公司打工。當時他

還不懂商業談判，他知道自己的缺陷，很希望學會談判的本領。他知道他當時的老闆是一個談判高手。

每當有機會與老闆一起進行商業談判的時候，方傑總是在口袋裡偷偷帶上一個微型錄音機。他將老闆與對方的談判內容錄了下來，然後回家偷偷地聽，揣摩學習，看老闆是怎樣分析問題的，對方是怎樣提問的，老闆又是怎樣回答的。

方傑就這樣向老闆學習，幾年後也成了一個商業談判高手。最後老闆退休了，把位子讓給了他。到了1996年，方傑已經成了澳洲身價第一的職業經理人。後來，方傑回國創業，他就是在這樣的基礎上創立成功的。

方傑並不是一個天生的生意人，他的成功，就是虛心向他的老闆學習的結果。

優秀的員工知道：老闆作為企業的負責人，是整個企業裡最值得我們學習的對象。一個胸懷大志的人必定是一個懂得向老闆看齊、向老闆學習的員工。

學會發現老闆身上的優點，向老闆學習，對於自己的成長是大有裨益的。當你試著待人如己，多替老闆著想，多向老闆學習的時候，你就會自然而然地變得謙卑、好學，而老闆也會變得可親可敬起來。員工要懷著一顆謙卑的心，經常自我省察地想一想：如果是我碰到這樣的問題，我會怎麼做？上司為什麼能夠處理得這麼完美？為什麼他能夠晉升到這個位置，而我暫時還有哪些不足？「三人行，必有我師焉」，我們要善於從上司身上發現優點，學習我們尚不具備的能力。

老闆之所以是老闆，肯定有他獨特的地方。他的勤奮，他的方法，他的變通，他的果敢……總有值得我們學習和借鑑之處。善於向老闆學習的員工能夠取得優秀的業績和長足的進步，也最受老闆的愛惜和重用。

37 良師益友受益一生

有人曾說：「三分師徒，七分道友。」在生活中，每個人都需要有良師益友在身邊，因為益友就像良師，良師也可以成為益友。

人生不可能事事如意，當苦難、煩惱、挫折降臨時，人們會變得驚慌與迷茫。身為老師和朋友要及時地給予指導、伸出援手，有求必應，幫助他們跨越內心的困境。那麼等他們從困境中走出來的時候，再回頭看看，自然會發現你是他們生命中的伴侶，而挫折成了他們奮鬥時新的力量。

在人們以往的印象中，師長是天，學生是地，無論師生關係是如何的密切，總還是天地之間遙遠的距離。在生活中，名人和普通人之間也是如此，如果想要真正的平等，那麼就要學會相互尊重，做到「三分師徒，七分道友」，只有這樣才能讓彼此之間的關係更加融洽和諧，更加富有生命力。

愛因斯坦為了科學研究，只保留了兩個愛好，一個是散步，一個就是拉小提琴。在小提琴悠揚的旋律中，愛因斯坦如癡如醉。

「先生，您有一個音是不是拉得太高了？」說這話的是一位園藝工，他每週一次來愛因斯坦家幫忙修剪草坪什麼的。他長相粗鄙，一看就知道是個缺乏文化素養的勞動者，天知道他是怎麼通曉音樂的。

愛因斯坦這陣子似乎也老覺著自己拉琴走調。他聞聲停了下來，饒有興致地向園藝工討教。過了一個星期，又到了園藝工上門的時間，他如約向愛因斯坦家走去，卻見愛因斯坦笑瞇瞇地恭候在門口了。「你再聽聽我拉的小提琴如何。」愛因斯坦說完就操起了琴弓。

聽完演奏，園藝工又認真地提了些意見。愛因斯坦像個小學生似的邊點頭邊思考。園藝工人突然意識到了什麼。「愛因斯坦先生，我對音樂一知半解！您對拉小提琴如此喜歡，去請一位專家來指導不是更好嗎？」園藝工不好意思再當這位著名科學家的老師了。

「不，」愛因斯坦連連搖頭，「我找過他們，但他們總是誇獎我……」兩人就這樣成了朋友。有一次，美國總統打電話來，要拜會愛因斯坦先生。「我另有約會，請改日再來吧。」愛因斯坦說的這個約會，其實就是那位園藝工人要來修剪草坪。

真正的朋友在這個世界上比糧食，比黃金更珍貴，我們不但要好好珍惜，更要用自己的實際行動向世界證明朋友的真諦不在於貴賤，而在於交心。

梵妮和尼昂是兩家關係很好的鄰居，而他們本人也是很好的朋友關係。讓人驚訝的是梵妮今年才七歲，是一個樂觀的小女孩，她的朋友則是年過三十的尼昂先生，尼昂先生經常在工作和生活煩惱之時與梵妮聊天，而梵妮總是能成功開導他，這也是尼昂最大的快樂。

一天，梵妮從校車停靠的街角蹦蹦跳跳地往家跑，當她看見尼昂先生手裡拿著信站在郵箱邊時，便快樂地對尼昂喊道：「猜猜我有什麼好消息？下個星期，我們班要在學校演出了！這齣戲裡有一個仙女公主，而我就打算扮演仙女這個角色！」她一邊拍著小手，一邊呵呵地笑著。她還興奮地宣佈說：「這是一部音樂喜劇，我還要唱幾支歌呢！」

「是嗎？真好，是位神仙公主呢！」小女孩的快樂立即打動了尼昂，尼昂覺得自己也快成了一個孩子，和她一樣笑著叫起來。

三天之後，當尼昂再一次來到街角的郵箱邊，他注意到梵妮的媽媽，正在校車停靠點等待她女兒。不一會兒，校車到站了，梵妮興奮地跳下車，朝她媽媽跑過去，她一邊跑一邊笑，於是，這母女倆手拉著手朝家裡走去。忽然，小女孩看見了尼昂，便馬上離開了媽媽朝尼昂跑過來。

「知道嗎？我們今天預演了呢！」看她那個高興勁兒，尼昂猜她一定是扮演了仙女公主才這樣高興。

「這麼說，你演的仙女公主很成功嘍。」尼昂高興地問。

「不！我沒有演仙女公主，我演的是一朵花兒！他們選我演一朵花兒！」梵妮糾正尼昂說。她搖著可愛的小腦袋，那長長的、褐色的卷髮也跟著不停地搖擺。

「是花兒？」尼昂感到有些意外。

「是啊！」梵妮高興地跟尼昂解釋，「到正式演出的時候，我會戴上紫色的花瓣，穿上綠色的緊身衣。」

「好極了！」尼昂說。尼昂知道她非常渴望演唱，就問她：「那麼，花兒唱的是什麼歌呢？」

「花兒這個角色不需要大聲唱。」小女孩那純淨明亮的大眼睛一眨也不眨地看著尼昂說，「花兒的臺詞是悄悄話，別人是聽不見的！」說著，小女孩輕輕地把一根手指頭放到唇邊，做了個不要出聲的動作。

「她同學的角色幾乎都有說或是唱的機會，只有她沒有，可她還是那麼的開心。」梵妮的媽媽搖頭笑著對尼昂說。媽媽臉上的表情是欣慰的，因為，她養育了一個健康、快樂的好女兒。尼昂先生本來還在為工作的事情煩惱，準備辭職，但現在梵妮又一次成功地教育了他，他決定安心留在那裡工作，幾年後，尼昂先生成功的坐上了自己想要的職位。

交到良師益友可以提升自我、開拓人生。做個良師益友，會在生活中彼此相互提攜，安慰鼓勵。良師益友的交往，是不分年齡，不分性別，不分種族的，只要對人有所幫助，讓自己能學到知識，那麼其他的因素都不再那麼重要。

38 找到你的奧運教練

只要研究一下，就會發現，任何一個偉人都曾經師從過一個或多個奧運級的貴人。因此，如果你想功成名就，你就必須有一個高手做你的教練，你必須學習掌握他們所有的資源和秘密，見見他們所有的關係，學習他們所有學過的、正在學的和將要學的東西。要學習他們認識事物的方式，學會像他們那樣去思考，以便取得他們取得的成果。

也許你會問，那些高高在上的奧運級人物真的願意花時間指點我們這些小人物嗎？其實，對方越是奧運級人物，就越容易得到指點，因為他們不必擔心你會搶走他們的工作，而且他們非常願意看到自己幫助過的年輕人獲得成功，你的成功會反射在他們身上，反映出他們所給的建議的品質，甚至反映出他們是不是依然具有影響力。

一位年輕的銀行家就是憑藉自己與一位行業高手的交流學習，一路通暢地走向了成功。銀行業是非常注重資歷和經驗的，所以在銀行中擔任要職的往往是老成持重的人物。但一個年輕人只用了不到*10*年的時間就登上了「金字塔尖」，他的成功經歷引起了很多人的興趣。

一位作家打算揭開這個謎底，他去拜訪這位年輕的銀行家時問了這樣的問題：「很少有年紀這麼輕就能在銀行裡得到這麼高職位的人。能告訴我您是如何奮鬥的嗎？」

「這需要花許多工夫並勇於奉獻，」年輕的銀行家解釋，「但真正的秘訣是，我選擇了一位良師。」

「一位良師，這是什麼意思？」作家問。

銀行家說：「在我讀大學快畢業時，有一位退休的銀行家到班上講座。他當時已經70多歲了。他的臨別贈言是：『如果你們有什麼需要我幫忙的地方，儘管打電話給我。』聽起來好像他只是客套一番，但他的建議卻引起了我的興趣。我需要他給我些建議，告訴我在我想進入銀行業時該走哪一步才是正確的。可是我又很怕碰釘子，畢竟他是個有錢而傑出的人，而我只不過是個即將畢業的大學生而已。但是最後，我還是鼓起勇氣打電話給他。」

「結果怎麼樣？」

年輕的銀行家這麼回答：「他非常友善，甚至邀請我與他見面談談。我去了，得到許多意見滿載而歸。他給了我一些非常好的指導，告訴我應該選擇在哪家銀行做事，又告訴我如何將自己推薦給別人而獲得一份工作。他甚至提議：『如果你需要我，我可以當你的指導老師。』」

「我的指導老師和我後來有著非常良好的關係。」銀行家繼續說，「我每週打電話給他，而且每個月至少一起吃頓午餐。他從來沒有出面幫我解決問題，不過他使我瞭解要解決工作上的問題有哪些不同的方法。而且有趣的是，我的指導老師還衷心地感謝我，我們的交往使他的思想一直保持著年輕的狀態。」

毋庸置疑，年輕人交上這樣奧運級教練的人物，能夠從他們的身上學到很多極為寶貴的經驗，以此來彌補自己的某些缺陷與不足，培養自己穩重的辦事風格，讓自己更快的走向成熟，健康地成長起來。由此可見，一個人要成大業比登天還難，但是一個人如果能得到奧運級教練的良師益友的鼎力相助，從而形成一個團結的集體，那麼要成大業就易如反掌。

需要注意的是，如果你想從奧運級教練那裡獲得指導，首先自己就要抱著為了成功而全力以赴的態度，整天抱怨環境的人，任何一位老師都不會願意給予指導，而那些肯為了成功而努力拚搏的人，無論哪一位老師都願意祝他一臂之力。

在你的生命中，是否也曾出現過這樣一個人，他可能沒有直接對你傳道授業，然而，他能夠一眼洞察你的潛力。在你失落時，讓你看到希望；在你得意時，為你敲響警鐘，使你不會偏離軌道。他讓你深信你一定會成功，在平時，他是你學習的典範，在特別的時刻，他會助你一臂之力。他就是你生命中永不可忘懷的貴人。

39 選對朋友，離成功更近點

與優秀的人共事，你會潛移默化的受到影響，也會成為一個優秀的人。

正像一句俗話所說的：「交友如染絲，染於蒼則蒼，染於黃則黃。」一個人如果交了愛吹牛窮哈啦的朋友，便難免陪著他雲天霧地、海闊天空地夸夸其談，久而久之，自己也會成為「話匣子」；如果交了愛玩愛鬧不學無術的朋友，少不了一起去遊遊逛逛，打打鬧鬧，久而久之，自己也可能成為不求上進的浪蕩鬼；但他如果交上了積極上進的朋友，談的是學習、學問、成功，交流的是知識見聞，久而久之，自己則可能潛移默化而好學不倦，追求起真知，變得熱情自信、視野開闊，這樣從中得益就無可估量了。

三國時發明了指南車和新式絲綾機的馬鈞，也曾得到過好友傅玄的大力支持。明末清初的顧炎武曾寫了《天下郡國利病書》，是水利方面一本有一定科學價值的書。顧炎武之所以能寫出這本著作，與他的朋友耿橘有很大關係。耿橘是個對水利很有研究的人，他在做常熟知縣時，先後開浚了福山塘和奚浦，還寫過一本《水利全書》，對於如何根據地勢高低來決定蓄泄，如何根據水系來進行開浚，都有周密詳盡的規劃。這些都給了顧炎武不少啟發。沒有這位好學友，顧炎武的《天下郡國利病書》就很難問世。

世界著名的科學家愛因斯坦的科學成就也得益於他的學友們的幫助。他在掌握黎曼幾何之前，只是取得了狹義相對論的成功。後來朋友們幫助他掌握了黎曼幾何，才促使他發現了廣義相對論的奇妙世界，建立了科學史上罕見的功勳。

在生活中，有時你距離目標只有一步之遙，取得成功的關鍵就在於你能否找到實現目標的資源。而優秀的朋友就是我們身邊最好的資源。

在北京翠宮飯店高級會所能夠看到諸多「中國中關村企業家俱樂部」會員的身影，其中不乏頻頻在各種媒體上露面的鼎鼎大名之士。該俱樂部會員多為各*IT*公司老闆，俱樂部就像一座橋，把各方面的優秀人才聚集起來，在這裡可以交朋友，找商機。定期舉辦的行業討論及技術推廣活動等成為重要的交流平臺。

俄國著名寓言作家克雷洛夫說：「現實是此岸，理想是彼岸，中間隔著湍急的河流，行動則是架在河上的橋樑。」如果我們想要把「也許偉大」的想法付諸行動，就必須尋找那些能助你上進的朋友的幫助。

與優秀的人共事，就要向他們學習，下面的一些做法可供參考：

多與優秀的人一起行動，爭取不要落在他們的後面。因為人對環境有一種本能的適應，如果你總是與傑出的人、有發展潛力的人在一起，久而久之，耳濡目染，你的素質也會得到一定程度的提升。

留意優秀之人的做事習慣。這一點也很重要，優秀的人可能行動力強，可能從來不拖延，可能有長遠的眼光，這些都是你要學習的地方，不要以為他們只是憑藉高學歷或者與人的關係才嶄露頭角的，一些他人不留意的細節可能就是他們成功的原因。

學習優秀之人的好心態和思維方式。優秀之人的思維方式一般都會與眾不同，這也正是「思路決定出路的道理」。可是思維方式不是天生的，也不會歸某個人所有，所以，他們可以用，你也可以用，學到了這些，你也有可能成為優秀之人。

多交能幫你上進的朋友，拓展成功者的人脈是絕對不容忽視的。俗話說：「玻璃與金子相會，便有寶石的光輝；愚人與善人接近，也同樣會變得聰明。」如果我們經常與優秀的人在一起，把許多人的智慧變成自己的智慧，那麼我們自身的發展也一定會加快，也會取得更大的成就。

40 借助貴人力量，讓成功來得更快

很久以來，人們的觀念就被「吃得苦中苦，方為人上人」這樣的思想束縛著。他們以為，成功是艱難的，必須踏踏實實、一步一腳印地走，否則就不會有任何的收穫。其實，這樣的思

想是錯誤的，並不是所有的成功都講究「一分付出，一分收穫」，有時候，懂得借助別人的力量，成功就可以抄近路。

對於任何人來說，機遇和才幹同樣重要。好風憑藉力，送我上青天。一個有才幹的人，即使他再能吃苦，如果沒有良好的機遇，那麼他的才幹也極有可能被埋沒。如果你是一個有才之人，何不自己找找機會，為了成功走走捷徑呢？

老羅斯福是指西奧多．羅斯福，小羅斯福則是富蘭克林．羅斯福。

作為叔侄關係的兩個羅斯福是美國歷史上最引人注目的兩位總統。

小羅斯福進入哈佛大學以後，一直想出人頭地。哈佛和美國其他大學一樣，把體育活動放在很重要的位置。可是富蘭克林的體格使他不能在這方面有所發展。他太瘦弱，身材雖比較高，但體重卻不及常人。因此，在參加橄欖球隊、划船隊時都未能入選，只能做個「啦啦隊」隊長。女孩子們打趣地叫他「媽媽的乖兒子」、「羽毛撣子」。如此看來在體育方面是沒有出路了，富蘭克林決定另謀他途。他看中了哈佛校刊《緋紅報》。

校刊的編輯是引人注目的，但這也不是隨隨便便就能做到的事，為了達到目的，他巧妙地利用了其堂叔老羅斯福的關係。

老羅斯福當時是紐約州的州長。一天，富蘭克林來到老羅斯福家中，對堂叔說哈佛學生都很崇拜老羅斯福，尤其想聽聽老羅斯福的演說，希望一睹州長的風采。老羅斯福一時興起，抽空來到哈佛發表了一場演說。演說從頭到尾都是富蘭克林一手操辦，而且演說完後，老羅斯福又接受了富蘭克林的單獨採訪。這樣一來，校刊編輯部終於注意到了他，認為富蘭克林有當記者的天才，就吸收他做了助理編輯。

不久，老羅斯福作為麥萊的競選夥伴，與民主黨的布萊恩競選總統。哈佛大學校長查爾斯．伊里亞德的政治傾向自然是引人注目的。富蘭克林決定再充分利用這次機會，向主編提出訪問校長的要求。主編認為是徒勞的，而富蘭克林卻堅持要試試看。

校長伊里亞德接見了這位一年級的新生。面對威嚴的校長，富蘭克林表現得十分從容，他堅持要校長表明他自己將投誰的票。伊里亞德很賞識他的勇氣，很高興地回答了他的問題。此後，不但《緋紅報》上刊登了富蘭克林採訪的獨家消息，全國各大報紙也紛紛轉載。富蘭克林一時成為人們談論的話題。臨近畢業時，他當上了《緋紅報》的主編。

富蘭克林大學畢業後，除哈佛圈子裡的人外，公眾們誰也不知道他。

*1904*年，他不顧母親的反對，宣佈與遠房表妹安娜．埃利諾．羅斯福訂婚。埃利諾是西奧多．羅斯福兄弟的女兒。*1905*年*3*月*17*日，他們在紐約舉行了婚禮。富蘭克林

特別邀請了當總統的堂叔參加。舉行婚禮那天，賓客如潮，大部分是為了瞻仰總統的風采而來的。經過這次婚禮，富蘭克林的名氣變大了。

無疑，富蘭克林是深諳跟對人、最對事的高手。他懂得成功的捷徑就是借助於貴人的強大力量。

天外有天，人外有人，一個人有無智慧，能否高調做事，能否取得成功，往往體現在做事的方法上，能否懂得借助別人的智慧助己成功，對能否成功起著至關重要的作用。每個人都應該懂得借助他人的力量來縮短自己的奮鬥時程。

41 找一個對手激發潛能

對手一定是打壓你的人嗎？未必如此。我們常說水漲船高，你的價值，很大程度上取決於你對手的價值。有一個強健的對手，或許是年輕人一生當中最幸運的事情，因為他的存在，你必須隨時保持學習的姿態；也因為他的努力，你才知道「一分辛苦，一分才」的道理。其實對手並不僅僅是你要打敗的人，有時候他也能成為幫助你的人。

一個人如果沒有對手的激勵，那他就會甘於平庸，養成惰性，最終導致庸碌無為；一個群體如果沒有對手，就會因為相互的依賴和潛移默化而喪失活力，喪失生機；一個行業如果沒有了對手，就會失去進取的意志，就會因為安於現狀而逐步走向衰亡。有了對手，才會有危機感，才會有競爭力；有了對手，你便不得不奮發圖強，不得不革故鼎新，不得不銳意進取，否則，就只有等著被吞併，被替代，被淘汰。

生活在當今社會的每一個個體，無時無刻不處在一種競爭之中，有競爭就會有對手。我們的對手有時是我們的同事，有時是我們的朋友，有時是同一領域的陌生人。但是，不管怎樣，這些對手並不是我們的敵人，他們在一定程度上能激發我們的潛質，從而成為我們成功路上的助推器。

有很多爭強好勝的年輕人，總是不喜歡自己的競爭對手，有的甚至把對手視為心腹大患，恨不得除之而後快。其實只要反過來仔細一想，便會發現擁有一個強勁的對手，其實是一種福分，一種造化。因為一個強勁的對手，會讓你時刻有種危機四伏的感覺，會激發起你的鬥志。

所以，不要總是憎恨我們的對手，不要因為自己遇到了對手而失魂落魄。就像康熙所說的那樣：「感謝對手吧，因為正是他們，使你變得如此傑出和偉大。」

康熙繼位60周年之際，一次宴會上，康熙敬了三杯酒，第一杯敬孝莊太皇太后，感謝孝莊輔佐他登上皇位，一統江山；第二杯敬眾大臣和天下萬民，感謝眾大臣齊心協力盡忠朝廷，萬民俯首農桑，天下昌盛；當他端起第三杯酒時，卻說：「這杯酒敬我的敵人，吳三桂、鄭經、噶爾丹，還有鼇拜。」宴會上的眾大臣目瞪口呆。康熙接著說：「是他們逼著我建立了豐功偉績，沒有他們，就沒有今天的我，我感謝他們。」

康熙是一代明君，更是一位智者。他在競爭對手身上發現的用處比愚人在朋友身上發現的用處多。一個人需要朋友，也需要對手。朋友可以從感情上帶來最好的鼓勵，對手則可以從理智上帶來最深的刺激。善用對手的刺激，可以學到最重要的工作方法。

朋友是並肩作戰的。並肩的人，觀察只及我們的側面，不容易看出真正的弱點，所以也談不上如何建議補強這些弱點。對手為了在競爭中贏得勝利，必定會全面觀察。在他們發動進攻的時候，必然會針對你的弱點，用他們的優勢來攻擊你的弱勢，從而取得競爭的勝利。在競爭的過程中，你就可以從對手身上學習他們的強項，彌補自己的不足。有一個相互比較競爭的對手，往往可以帶來持久的成長。孟子所說的「國無外敵者，恆亡」就是這個道理。

然而，很多人沒法這樣看待自己的對手，總覺得對手是自己的潛在威脅。特別是有些年輕人，總是把競爭中的對手當作敵人，哪有向敵人學習的道理。在碰到敵人的時候，首先是不屑，再來就是憤怒，最後則是不能在他面前提起敵人的隻言片語。

其實，越是敵人，可學的越多。對方要打敗你，一定是傾巢而出，精銳畢至。在他們使出渾身解數的時候，也就是傳授你最多招數的時候。所以，如果你有個對手，很強的對手，你應該打心底裡歡喜。就像每天要照鏡子，你要每天仔細盯緊這個對手，好好欣賞他，好好跟他學習。如果你沒有對手，就要想辦法製造出對手來。對手總會給你帶來壓力，逼迫你去努力地投入到「鬥爭」中去，並想辦法成為勝利者。在和對手的對抗中，你才能真正磨練自己。從某種意義上說，你的對手是你前進的推動力，是你成功的催化劑。

第四章

20幾歲開始懂點人情世故

42 放下清高，多點入世心態

20幾歲的年輕人剛從校園踏入社會。在進入社會時就要少些清高，多點世態心。不應依舊一副學生樣，因為想要成功，就要多瞭解社會，瞭解世態人情。

對20幾歲的年輕人來說，即便再成熟，身上也難免帶有一些單純氣息。外在表現就是對社會認知不足，以簡單的視角感知周圍的一切，有時對社會還存有一種對抗心理。

一個人如果以對抗的姿態出現在社會中，等待他的必然是失敗，無論多麼強大的個體都無法改變他置身其中的社會。所以，初入社會你需要做的就是盡快成長和成熟起來，在社會中鍛鍊自己，盡早褪去單純，融入周圍生活。

北大法學院院長朱蘇力曾經對畢業生說：「社會更多是一個利益交換的場所，是一個市場，是『平民政治』。評價的主要不是你的智力優越與否（儘管你的聰明和智慧仍然可以幫助你），而是你能否拿出什麼別人想要的東西。這個標準不再由中心——教師確定，而是分散——由眾多消費者確定的。」

凱利上大學時，班上有個很會欣賞別人的同學，常能聽到他對別的同學進行稱讚。那時他覺得這同學挺庸俗，年紀輕輕何以學得如此世故，搞這等「阿諛奉承」，真沒有意思。

不過這個「庸俗」的同學在班上人緣極好，在競爭意識很濃、誰對誰都不服氣、彼此講究「封鎖」的氛圍裡，這位同學似乎是個例外，他如魚得水，能夠和大多數同學進行交流溝通。更讓人刮目相看的是，這位同學的成績由入學時的墊底一路飆升。到了畢業時，他已是年級的前幾名了。即使這樣，凱利還是能聽到他對別人的讚揚。

畢業後他們又到了同一家公司上班，別看這位同學其貌不揚，但特別會處世：見誰都打招呼，好像早就是老熟人似的，而且總聽他讚揚人，一副謙虛的樣子。同事有事，他都愛幫忙。他來了不到一年，不但得到主管的肯定；許多同事，尤其是年長的同事也都很喜歡他，許多諸如學習培訓、參觀考察的「美差」都落到他的頭上。而凱利這些平時工作勤勤懇懇、自認為「清高」的人卻什麼也沒得到，他們都說這不公平。

從校園進入社會要及時調整心態，像凱利沒有調整好自己的心態，自認「清高」就會漸漸被社會淘汰。在社會中，如何盡快地為自己找到安身立命之處，是*20*幾歲的年輕人不得不面對的問題。社會不會等待你成長，你要自動自發地不再幼稚。做一個成熟的人，需要具備以下兩種心態：

1.寬容待人的心態

對於人們來說，寬容才會贏得聲望。一般說來，當一個社會形成了一種寬容的氣氛時，就會變得充滿生機。在競爭日益激烈的社會中，最要緊的是寬容，用善心待人，原諒別人偶然的過失。即使是犯有大錯的人，也要溫和規勸，給他改正的機會。孔子說：「寬則得眾。」如果我們的社會不培養人們寬以待人的心態，不允許人們出錯，一旦出錯又一味嚴厲追究責任，那麼，這個社會的動力和美德就會喪失。

2.換位思考的心態

有一句名言說，如果我們只會站在自己的角度看問題，那麼我們永遠不知道別人在想什麼。這個世界上有很多問題，站在自己的角度去思考可能永遠不能瞭解或解決，而換個角度去思考就會發現一個全新的答案。

從前，兩個基督教徒一起問牧師在祈禱時能否吸菸。其中一個教徒先上前問：「在祈禱時能否吸菸？」

牧師生氣地回答：「不可以！」這個教徒悶悶不樂地退下去。

另一個教徒上前問：「在吸菸時能否做祈禱？」

牧師愉快地回答：「當然可以！」

對於一個本質相同的問題，用兩種不同的問法，會得到截然相反的答案，這就是一個世界的兩面性。如果拒絕換位思考，你眼前的世界就永遠是單一的。如果拒絕換位思考，你將會失去與人們交流的樂趣，你就休想站在你的立場說服上司改變原來的想法、做法。職場之中也是這樣，所以年輕人初入社會，要學會多站在他人的角度思考，你就能逐漸理解那些看上去與學生時代完全背離的事件，於是才能開始實現自己角色的轉換，從而保證自己的工作能盡快完成，人際交往也變得順暢。所以說脫書生氣，瞭解一些世態人情，這是年輕人初入社會要面臨的第一選擇，也是其人生出路的第一課。

43 20幾歲學會世俗，才不會在30歲後悔

大多數人不喜歡別人說自己「世俗」，覺得這樣會讓自己的形象一落千丈。要知道，我們生活在塵世而非仙界。既然紅塵十萬丈，怎可能遺世獨立？

我們當中的大多數，都在生活中扮演著「凡夫俗子」的角色，比不上那些豪門千金公子，

從小便是含著金湯匙出生，養在深閨，眾星捧月，不用自己洗手做羹湯，不用為柴米油鹽而困擾，金錢的充裕給了他們心想事成的環境，他們當然有閒情逸致和條件來「清高」。可是豪門從來是非恩怨多，豪門內的世界也不清淨，一個不通人情世故的人，怎可能舒舒服服地坐在豪華別墅裡喝著咖啡安享太平？事實上，豪門的子女要真的不食人間煙火，不懂經濟營生，在與別人爭權奪勢的時候沒有兩手，豪門的場子能撐得下去嗎？

再看看那些影視明星，銀幕前多麼清麗可人、不染纖塵，銀幕後呢？當明星的總免不了要應酬周旋吧，否則別說出名難，就是出名後想繼續紅下去也難！一味地「清高」擺譜，一副高高在上、拒人於千里之外的神情，誰來捧場？

所以說，每個人都無法避免世俗。也許人人豔羨張愛玲的淒冷，但是，女孩們能否看到她年輕時也在亂世中曇花一現，而後才隱居美國空守寂寞？張曼玉優雅如美神，可也是在香港錯綜複雜的演藝圈中經過一番歷練，才從一個花瓶成為經典的代名詞；戴妃若非嫁給查爾斯王子，也就沒有灰姑娘的故事，更不會有以後的傳奇。

因此，*20*幾歲的年輕人，如果想擁有好命，就應該及早地學會世俗，對於怎樣規劃自己的生活，什麼才是獲得幸福生活的捷徑，也要或多或少地瞭解。也許，你看不慣被金錢薰染的生活，但是生活畢竟不是童話，盡早與金錢結緣、與名利為友，才能避免在三十歲以後的終日忙碌。

沒有經歷世俗，就開不出脫塵的花朵。可能我們之中也有一部分人在別人的家裡捏著鼻子嫌髒，在人前吃個柿子會蹺著蘭花指一點一點地剝，會在別人伸出熱情的雙手時高傲地扭過頭去，叉著兩手愛答不理。這些人不屑為一點血汗錢哭天喊地，更不會為了一點小錢跟別人爭得面紅耳赤。

可是，我們可以透視別人的生活，看看我們可能面對的30幾歲的人生。那些20幾歲不懂得世俗的人，往往都在30幾歲忙碌不堪、懊悔不已。他們在那個時候才發現，原來年輕時一直輕視的東西，是那麼的重要。比如：會賺錢的老公，曾經錯過的升職機會，那些嚮往已久的名車、豪宅……他們也曾經生活在詩情畫意裡，也曾對那些「身外之物」露出鄙夷的神色。可是，回歸生活，一切都那麼無奈。於是，他們開始後悔，為什麼當初不早一點懂得世俗……

20幾歲的年輕人，如果想擁有好命，如果想在30幾歲回想過去時，不留下任何的遺憾，現在就要開始學會世俗。當然，這裡不是說只有世俗的人才能擁有優雅的生活，不是滿身銅臭的人才能擁有幸福的人生，而是說，不要對金錢和現實存在太多的「潔癖」，瞭解生活並真心地準備生活，才不至於在年華老去時還要疲於奔命。

44 做看得清的事，儲看不清的情

人情是中國人維繫群體的最佳手段和人際交往的主要工具。朋友之間沒有人情往來，友誼就會淡漠，甚至消失。

而當你送朋友一個人情時，朋友便因此欠了你一個人情，他是會想辦法要回報的，因為這是人之常情。做人情就像你在銀行裡存款，存的越多，存的越久，利息便越多。所以，我們平時送人情時，一定要把人情做足，好人做到底，你就要想朋友之所想，急朋友之所急，在他最困難、最需要幫助的時候，給朋友一個人情，那這份人情的分量就會更大。做足，包含兩個含義：一是人情要做完；二是人情要做得充分。

如果朋友求你辦什麼事，你滿口答應：「沒問題。」但隔了幾天，你給他一個半零不落的結果，對方雖然口頭上不說什麼，但心裡肯定會說：「這哥兒們，真不夠意思，做就做完，做一半還不如不做，幫倒忙。」

做人情只做一半，叫幫倒忙，越幫越忙，非但如此，還會影響信任度，說話不算數的朋友誰都不願意結交。人情做一半，叫出力不討好。

人情做充分，就是不僅要做完，還要做好，做得漂亮。如果你答應幫朋友辦某件事，就要盡心去做，不能做得勉勉強強。如果做得太勉強了，即使事情成了。你勉強的態度也會讓他在感情上受到傷害。

俗話說：「在家靠父母，出外靠朋友」，多一個朋友多一條路。要想人愛己，己須先愛人。

諸位當時刻存有樂善好施、成人之美的心思，才能為自己多儲存些人情的債權。這就如同一個人為防不測，須養成「儲蓄」的習慣，這甚至會讓各位的子孫後代得到好處，正所謂前世修來的福分。黃佐臨導演在當時不會想得那麼遠、那麼功利。但後世之事卻給了他作為好施之人一個不小的回報。

錢鍾書先生一生日子過得平和，但在上海寫《圍城》的時候，也窘迫過一陣。辭退保姆後，由夫人楊絳操持家務，所謂「捲袖圍裙為口忙」。那時他的學術文稿沒人買，於是他寫小說的動機裡就多少摻進了賺錢養家的成分。一天500字的精工細作，卻又絕對不是商業性的寫作速度。恰巧這時黃佐臨導演排演了楊絳的四幕喜劇《稱心如意》和五幕喜劇《弄假成真》，並及時支付了酬金，才使錢家度過了難關。時隔多年，黃佐臨導演之女黃蜀芹之所以獨得錢鍾書親允，開拍電視連續劇《圍城》，實因她懷揣老爸一封親筆信的緣故。錢鍾書是個別人為他做了事他一輩子都記著的人，黃佐臨*40*多年前的義助，錢鍾書多年後還報。

不要小看對一個失意的人說一句暖心的話，對一個將倒的人輕輕扶一把，對一個無望的人賦予一份真摯的信任，也許自己什麼都沒失去，而對一個需要幫助的人來說，也許就是警醒，就是支持，就是寬慰。相反，不肯幫助人，總是太看重自己絲絲縷縷的得失，這樣的人目光中不免閃爍著麻木的神色，心中也會不時地泛起一些陰暗的沉渣。別人的困難，他當作自己得意的資本；別人的失敗，他化作安慰自己的笑料；別人伸出求援的手，他會冷冷地推開；別人痛苦地呻吟，他卻無動於衷。至於路遇不平，更是不會拔刀相助，就是見死不救，也許他也有十足的理由。自私，使這種人吝嗇到了連微弱的同情和絲毫的給予都拿不出來。

這樣的人不僅墮落成一個無情的人，而且還會淪落為一個可憐的人。因為他的心除了只能容下自己，他在一步步堵死自己所有可能的路，同時也在拒絕所有可能的幫助。

45 以低姿態贏取人心

很多年輕人失敗，常敗在不知道如何表現自己，也常敗在過度表現自己。愈表現，愈得意，以致得意忘形地忘了別人的存在。懂得什麼時候適當地表現自己，什麼時候回到「桶裡」做與別人一樣的「螃蟹」，也是一種心機與智慧。明白其中的「精髓」，才能在行事時如魚得水、遊刃有餘。

南朝王僧虔，是東晉王導的孫子。宋文帝時官為太子庶子，武帝時為尚書令。年紀很輕的時候，僧虔就以擅長書法聞名。宋文帝看到他寫在白扇子上面的字，讚嘆道：「不僅字超過了王獻之，風度、氣質也超過了他。」當時，宋孝武帝想以書法名聞天下，僧虔便不敢露自己的真跡。大明年間，僧虔故意把字寫得很差，因此平安無事。

為什麼僧虔非得故意把字寫得很差呢？

看一看「桶裡的螃蟹」這則隱喻就能找到答案了。如果你把一隻螃蟹放進桶裡，牠會想辦法用爪子鉤住桶的邊緣而逃走。然而，如果你把幾隻螃蟹放進桶裡，就沒有一隻螃蟹能逃走，因為只要一隻螃蟹靠近桶邊，其他的螃蟹就會阻撓同伴的成功。這種現象似乎很典型地反映了人類的行為。當有的人出類拔萃，人們普遍的心理不是希望他好，助他一臂之力，而是眾人共同出擊，把他拉回到跟自己一樣的位置。這種表現，通常來源於人類的嫉妒之心，或許人們可能會感到他人的成功就會映襯出自己的失敗。

一位剛畢業的大學生被一家大企業錄用了，他信心十足，鼓足幹勁，在自己的崗位上做得相當出色。他頭腦靈活，喜歡思考，很快就發現了公司管理存在的一些弊端，於是經常向主管反映，但每次得到的答覆總是：「你的意見很好，我會在下次會議上提出來讓大家討論。」

他很不滿，對主管很不服氣，幾次萌生了取而代之的念頭。在一次公司大會上，他當眾坦陳了自己的想法，並建議公司實行競爭上崗，能者上，庸者下。會場頓時寂靜無聲，主管早就氣得臉色發白。總經理稱讚了他的想法，認為很有新意，卻沒有深入討論的意思。

會議結束後，他忽然發現一切都變了。同事對他敬而遠之，主管更是冷語相向；更嚴重的是，有人向總經理投訴他收受回扣、違規操作、洩露公司機密……任何一項罪名都能將一個小小的銷售員壓垮。總經理當然明白事情的來龍去脈，但為了顧及大多數人的情緒，還是辭退了他。

沒有人不想出人頭地，每個年輕人都有自己的野心，但是切忌太過外露。你的志向和企圖即使是正當的，一旦在你身上得到表現，總會有人感到受了威脅。他們可能會利用手中的權力或影響力對你進行打擊，使你過去的一切努力都化為泡影。上面所說的銷售員的遭遇，不正給我們上了生動的一課嗎？這是人性，也是社會的潛規則。過度表現自己是大忌，這只會讓人心生厭惡，產生誤會，無形中多了很多敵人。

作為年輕人，鋒芒太露難免灼傷他人。想想看，當你將所有的目光和風頭都搶盡了，卻將挫敗和壓力留給別人，那麼別人在你的光芒的壓迫下，還能夠過得自在、舒坦嗎？也因此，有才卻不善於隱匿的人，往往招來更多的嫉恨和磨難。曹植鋒芒畢露，終招禍殃，名滿天下，卻給他帶來了災禍，這難道是他的初衷嗎？他只是不知道收斂罷了。因此，在名利場中，要防止盛極而衰的災禍，必須牢記「持盈履滿，君子兢兢」的教誡。

46 念好糊塗經

《紅樓夢》中的王熙鳳，可謂是家喻戶曉。

王熙鳳何等的冰雪聰明，簡直就是女人中的精品，恐怕這世上有很多男人都不及她。她八面玲瓏、九面處世、外柔內剛；她笑裡藏刀表面向你微笑，心裡卻在給你下套子。一個圖上她美色的賈瑞被她的計策整得一縷孤魂上青天；一個看上她老公的尤二姐被她的兩面三刀給逼得吞金自盡；而她的「偷樑換柱掉包計」李代桃僵，則送掉了顰兒脆弱的性命。

至於王熙鳳的能耐大得能登天，整個榮寧兩府在她的整治下服服帖帖，一個秦可卿出殯這樣的大事到了她手裡簡直是小菜一碟。她能說會道，賈府上下無人不曉她璉二奶奶的。

可王熙鳳卻是一個精明過火的女人，精明到處處好強、事事爭勝，哪兒都落不下她，終於得罪了大太太，加之賈母撒手人寰，她的靠山沒了，終於反送了卿卿性命。

紅學家們感慨這樣一個精明能幹的女人最終結局如此悲慘，全在於她畢竟是一介女流，畢竟沒有看透官場上的處世哲學——難得糊塗。

為人處世，是精明一點好，還是糊塗一點好，各人有各人不同的答案。但是卡內基認為，人脈中還是「糊塗」一點好，當然這種糊塗並不是真的糊塗，而是希望我們學會一點大智若愚的技巧，避免一些弄巧成拙的尷尬。

人生在世難得糊塗，糊塗難得，人的一生不必太較真，遇大事的時候分清輕重，小事糊塗一點，這樣必能活得自在坦然。

唐代武將郭子儀，因屢立戰功，唐代宗李豫很器重他，並把女兒升平公主嫁給了他的兒子郭曖。

一天郭曖不知為什麼事和公主吵起嘴來。郭曖這個人性子很直，火氣很大，便沒好氣地數落了公主幾句：「你以為你爸爸是皇帝就了不起嗎？我爸爸是因為瞧不起皇帝這個職位才不做的呢！」公主從小就嬌慣，父母什麼事情都得依著她，更沒嘗過委屈是啥滋味，一氣之下坐著轎子回娘家「告狀」去了。

皇上看到女兒回來，很高興，老遠就起身迎接。但公主見到父親，臉上並沒有笑容。皇上問她為何不高興，公主一把眼淚一把鼻涕地把丈夫說的話重複了一遍。

皇上聽完後，哈哈大笑道：「駙馬講的話你沒有明白意思，如果他父親真的做了皇帝，天下豈不是你家所有了嗎？」安慰一番後，皇上勸女兒回家。

郭子儀得知兒子與公主吵架並說了些有辱皇上的話後，很惱怒，立刻派人把郭曖囚禁起來，帶回宮中等候判罪。代宗聽說女婿被他父親囚禁了起來，連忙前去圓場。代宗說：「兒女們的事，父母何必那麼認真？民間有句俗話：『不裝聾賣傻、假裝糊塗，是不能當好家長的。』兒女們閨房中的話，怎麼能相信呢？」

郭曖和妻子吵架時，說了些有辱皇上的話，如果代宗火上澆油，不僅僅郭曖夫妻關係會惡化，而且郭子儀一家性命難保。然而，聰明的代宗卻假裝糊塗，簡單幾句話便巧妙化解了一場家庭糾紛。

其實「糊塗學」就是做人的智慧，這包括了知、情、意三個方面的綜合體現，在「知」的方面，「糊塗」就是承認人的認知的有限性，不過分依靠和賣弄自己的智慧。勿恃小智，勿弄奇巧，息競爭心，它包含了大智若愚、藏巧於拙，順乎自然、無為而治，謹言慎行、因勢利導、精益求精、善於其技、虛心納諫、博採眾長，居安思危、留有餘地等範疇。在「情」的方面，就是安貧樂道、隱忍退讓、息貪棼欲，它包含安守本分不要凡事強做，淡泊名利寧靜致遠，樂天知命等。在「意」的方面，就是淡泊明志、立身端方、守清正節，包含寵辱不驚、功成不居。嚴於律己、寬以待人，剛正不阿、潔身自好等。

當然，糊塗的範疇很廣，我們在這裡無法把所有的都涵蓋，只能說真正的大智若愚還要在日常的累積中感悟。真正能巧用模糊語言，偶爾裝裝糊塗，將有助於經營你的人脈，改善你的人際關係。

47 把方裝在肚子裡，把圓體現在表面上

方中有圓，圓中有方，是為人的因果律，又是大自然的法則。《易經》中說：「天行健，君子以自強不息。」又有：「地勢坤，君子以厚德載物。」在這裡，圓，象徵著運轉不息、周而復始的天體；方，象徵著廣大曠遠、寬厚沉穩的地象。

晚清重臣張之洞就是一位善用方圓之道處世的名人。

張之洞少年時很聰慧，身形似猿，傳說為將軍山靈猿轉世；榜中探花，歷任湖北、四川學政，山西巡撫，兩廣、湖廣、兩江總督，官至體仁閣大學士、軍機大臣。在晚清風雨飄搖的政局中，他提出「中學為體、西學為用」的方略，辦實業、造槍炮、勤練兵，為晚清王朝嘔盡最後一滴血。

張之洞可算是一位性格剛烈、鐵骨錚錚的人，然而他辦事卻很圓融。在他就任山西巡撫時，當時泰裕票號的孔老闆表示要送一萬兩銀子給他。張之洞婉言謝絕了孔老闆的好意。可

是當他考察了當地的情況之後，發現山西受罌粟的荼毒很是嚴重，於是決心剷除山西的罌粟，讓百姓重新種植莊稼。而改種莊稼需要一筆費用，但山西連年乾旱、歉收，加上貪官污吏的中飽私囊，拿不出救濟款發放給老百姓。這時，他第一個想到的就是孔老闆。

他想，如果說服孔老闆把銀子捐出來，為山西的百姓做善事，以銀子換美名，他或許會同意。經過商談，孔老闆表示願意捐出五萬兩銀子，但必須滿足他的兩個條件：一是讓張之洞為他的票號題寫一塊「天下第一誠信票號」的匾，二是要捐個候補道台的官銜。

剛開始張之洞覺得孔老闆的這兩個條件都不能答應，因為自己對他的票號一無所知，又怎麼能說它是天下第一誠信票號呢？第二，他認為捐官是一樁擾亂吏治的大壞事。可是不答應他，又到哪裡去弄五萬兩銀子呢？

經過反覆思考，張之洞決定採用折中迂迴的手段，答應為孔老闆的票號題「天下第一誠信」的匾，這六個字意味著：天下第一等重要的美德就是誠信二字，並不一定是說他們泰裕票號的誠信就是天下第一。

至於他的第二個要求，張之洞最後給自己找了一個臺階：一來，捐官的風氣由來已久，不足為怪；二來，即使孔老闆做了道台也不過是得了個空名而已。再者按朝廷規定，捐四萬兩銀子便可得候補道台。於是，張之洞以這種退讓的方式為山西百姓募來了五萬兩銀子，可謂造福一方。

其實，張之洞在官場上也深得「妥帖」之要義，他把王之春從廣東調到湖北這件事就做得相當漂亮。張之洞到湖北以後，想大興洋務，但缺少得力的助手。這時，恰好湖北藩司黃彭年去世了，空出了職位。於是，他就想推薦自己的心腹去那裡任職。

張之洞覺得現任廣東臬司的王之春比較合適。王之春是張之洞在廣東時一手提拔起來的，他對張之洞自然是忠心耿耿，感恩有加。但張之洞考慮問題又多了一層：現在要把王之春調來，就應該為廣東物色一個合適的藩司人選，這樣，王之春調來湖北的把握性才更大一點。

幕僚提出不妨推薦湖北臬司成允去廣東做藩司，這樣有兩個好處：一是成允是現在軍機處領班禮親王世鐸的遠親，世鐸一定願意幫助成全他，他自己京師門路也很熟。二來又可騰出湖北臬司一職，又多了一個幫手。這樣在湖北辦洋務力量就更強了。

經過張之洞的運作，王之春很快調到湖北，而成允去廣東做藩司。接著，張之洞又讓賦閒在家的陳寶箴當上臬司。這樣一來，各方面都被張之洞擺佈得妥妥帖帖、皆大歡喜了。

孔子在《論語》裡稱讚史魚說：「直哉！史魚。邦有道如矢，邦無道如矢。」

意思是說不管環境如何，無論社會動亂還是安定，他的言行永遠都像箭一樣，尖銳而正直。我們不要曲解孔子的話，「直哉」是說一個人做人要心地方正、端直，不可以圓滑，但處世要圓融，要注意方式方法。說話辦事也直來直去，別人就接受不了，事情也沒辦法辦成。

《易經》中也反覆強調「天圓地方」，眾人為天，天圓就是處世要圓融，要有智慧；心田為地，地方就是心地方正，要有操守。

48 主動讓對方佔點便宜

趨利避害是人的本性，人人都怕吃虧，一些年輕人甚至信奉「人不為己，天誅地滅」，無論做什麼事都絕不肯吃虧。其實，吃虧並非都是壞事。吃虧也許只是物質上的損失，但是由此換來朋友的信任和忠誠，卻是千金難買的無價之寶。既然人人都喜歡占點小便宜，與人相處時，不妨主動吃點虧，讓對方佔點便宜，也就等於送出了一份人情。

曾經有一個砂石老闆，沒讀過什麼書，也沒有社會背景，但生意卻出奇的好，而且歷經多年，長盛不衰。

說起來他的秘訣也很簡單，就是與每個合作者分利的時候，他故意只拿小頭，把大頭讓給對方。如此一來，凡是與他合作過一次的人，都願意與他繼續合作。而且還會因為感激介紹一些朋友，再擴大到朋友的朋友，也都成了他的客戶。人人都說他好，因為他只拿小頭，但所有人的小頭集中起來，就成了最大的大頭，他才是真正的贏家。

很多時候，吃虧是一種福，是智者的智慧。不管你是做老闆也好，還是做合作夥伴也罷，你主動吃虧，而旁邊的人接受了你的「謙讓」，他不僅會一心一意與你合作，跟著你幹，而且會因為感謝、感激，不斷尋找機會還你人情。

不過，「吃虧是福」不能只當套話來理解，應在關鍵時候有敢於吃虧的氣量，這不僅體現你大度的胸懷，同時也是做大事業的必要素質。把關鍵時候的虧吃得淋漓盡致，才是真正的贏家。現實生活中，不要因為吃一點虧而斤斤計較，開始時吃點虧，實為以後的不吃虧打基礎，不計較眼前的得失是為了著眼於更大的目標。那些沒有「手腕」的人，都怕便宜了別人，但吃虧的卻往往是自己。

不少好朋友，抑或事業上的合作夥伴，由於種種原因，後來反目成仇了，雙方都搞得很不開心，結果是不歡而散。

有個人卻不一樣，他與朋友合夥做生意，幾年後一筆生意讓他們將所賺的錢又賠了進去，剩下的是一些值不了多少錢的設備。他對朋友說，全歸你吧，你想怎麼處理就怎麼處理。留下這句話後，他就與朋友分手了。顯得多有風度，沒有相互埋怨，這叫「好合好散」。生意沒了，人情還在。他，就是李嘉誠的兒子——李澤楷。

有人問李澤楷：「你父親教了你一些怎樣成功賺錢的秘訣嗎？」

李澤楷說，賺錢的方法他父親什麼也沒有教，只教了他一些為人的道理。李嘉誠曾經這樣跟李澤楷說：「和別人合作，假如拿七分利益合理，八分也可以，那麼拿六分就可以了。」

李嘉誠的意思是，吃虧可以爭取更多人願意與自己合作。想想看，雖然他只拿了六分，但現在多了一百個合作人，他現在能拿多少個六分？假如拿八分的話，一百個人會變成五個人，結果是虧是賺可想而知。

李嘉誠一生與很多人進行過或長期或短期的合作，分手的時候，他總是願意自己少分一點錢。如果生意做得不理想，他就什麼也不要了，願意吃虧。這是種風度，是種氣量，也正是這種風度和氣量，才有人樂於與他合作，他也才越做越大。所以李嘉誠的成功更得力於他的恰到好處的處世交友經驗。

正所謂「吃人嘴軟，拿人手短」，主動讓別人佔便宜，你就等於給對方放了一份人情債，那麼他對你日後的請求也就不好拒絕了，甚至你無需請求他都會主動來幫助你。

49 明白面子的學問

面子是每個人都渴望擁有的，有面子才能被別人看得起，吃得開，也正因為面子給我們帶來一些我們所渴望得到的東西，所以，很多人都會因面子而努力拚搏，使自己贏得成功，獲得別人的讚許和認可，為自己贏得面子，與此同時也滿足了自己的虛榮心。

俗話說：人活一口氣，樹活一層皮。人一口氣上不來和樹皮被剝光一樣，只能死路一條。當然，人活一口氣更多的是激勵人要爭氣，要活得有頭、有臉、有面子，不幹蠅營狗苟的勾當，不做有昧良心的事情，以免使先祖受辱，讓後輩蒙羞，為世人不齒。

從古代開始，就有「人活著就是為了爭口氣」的說法，比如說，秀才們都嚮往考一個功名回家，不僅是衣錦還鄉，而且還可以光宗耀祖；武士們嚮往著自己能與江湖中的俠士一樣可以殺富濟貧，永世留名，讓別人都知道自己！人的天性就有虛榮的成分，所以，人們說話、做事不可忽視的一個動機就是為了爭口氣、爭強好勝，以滿足自己的虛榮心。

「人爭一口氣，佛爭一炷香」，尤其在當今這個社會，「面子」問題更是非同等閒。我們都知道，人都有虛榮的天性，在這個世界上，如果沒了面子，自身的價值就會被別人貶低。

因此很多人都會為了自己的面子而做出別人意想不到的事情，為的就是能夠在別人面前抬得起頭，挺得起胸，爭的就是那一口氣。人們也常借物喻人，以物言志，用人們都熟知的實物來比喻人的舉止言行。

既然面子對於人們來說如此重要，那麼，當別人將要丟面子的時候，我們可以巧妙的給對方一個臺階下，對方必定對你感激不盡。當別人遭遇尷尬，要善於給別人鋪臺階，挽回對方的面子，就等於守住了彼此融洽的關係。具體來說可以有以下兩種方式：

1.裝聾作啞

對別人的話裝作沒有聽到或沒有聽清楚，以便避實就虛、猛然出擊的處理問題的方式。

實習期間，一位實習老師在黑板上剛寫了幾個字，學生中突然有人叫起來：「老師的字比我們李老師的字好看！」

真是語驚四座，天真的學生哪能想到：此時後座的班主任李老師該有多麼尷尬！對這位實習老師來說，初上崗位，就碰到這般讓人難堪的場面，的確使人頭疼，以後怎樣和這位班主任共度實習關呢？怎麼辦？轉過身來謙虛幾句，行嗎？不行！

這位實習老師靈機一動，裝作沒有聽到，繼續寫了幾個字，頭也不回地說：「不安安靜靜地看課文，是誰在下邊大聲喧譁！」

此語一出，後座的李老師緊張尷尬的神情，頓時輕鬆多了，尷尬局面也隨之消除。實習老師巧妙地運用了「裝作不知道」的技巧，避實就虛，避開「稱讚」這一實體，裝作沒有聽清楚，而攻擊「喧鬧」這一虛象，既巧妙地告訴那位班主任「我根本沒有聽到」，又打消了那位學生的稱讚興致，避免了學生誤認為老師沒有聽見可能再稱讚幾句，從而再次造成尷尬的局面。

2．揮灑感情造臺階

即故意以嚴肅的態度面對對方的尷尬舉動，消除其中的可笑意味，緩解對方的緊張心理。

第二次世界大戰時，一位德高望重的英國將軍舉辦了一場祝捷酒會。除上層人士之外，將軍還特意邀請了一批作戰勇敢的士兵，酒會自然是熱烈隆重。誰想一位從鄉下入伍的士兵不懂酒席上的一些規矩，捧著面前的一碗供洗手用的水喝了，頓時引來達官貴人、夫人、小姐的一片譏笑聲。那士兵一下子面紅耳赤，無地自容。

此時，將軍慢慢地站起來，端起自己面前的那碗洗手水，面向全場貴賓，充滿激情地說道：「我提議，為我們這些英勇殺敵、拚死為國的士兵們乾了這一碗。」言罷，一飲而盡，全場為之肅然，少頃，人人均仰脖而乾。此時，士兵們已是淚流滿面。

在這個故事裡，將軍為了幫助自己的士兵擺脫窘境，恢復酒會的氣氛，採用了將可笑事件嚴肅化的辦法，不但不譏笑士兵的尷尬舉動，而且將該舉動定性為向殺敵英雄致敬的嚴肅行為。鄉下士兵不但尷尬一掃而盡，而且獲得了莫大的榮譽，成為在場的焦點人物。

總之，人人都有下不了台的時候，學會給人臺階下，既可以緩解緊張難堪的氣氛，使事情得以正常進行，又能夠幫助尷尬者挽回面子，增進彼此的關係。此外，別人尷尬的時候你為他挽回了面子，而不是袖手旁觀看他的笑話，他必定會心生感激，日後你若陷入尷尬的境地，他也會樂意幫你打圓場，豈非於人於己都有利的好事。

50 學會製造馬屁效果

拍馬屁可謂是每個職場人士的必修課。但是，拍上司馬屁也要講究一定的技巧，馬屁拍得太露骨會被人當成馬屁精。曾仕強曾說：「中國人最討厭拍馬屁的人，但是很喜歡享受『馬屁』的味道。所以有本事的人，不去拍馬屁，而是製造『馬屁』的味道。」

真正拍馬屁的高手能夠把高帽子給人戴得不知不覺，但又非常受用，乍看上去不像是在拍馬屁，但卻有濃濃的馬屁味道。

袁枚是清朝著名的才子，他少年成名，剛過二十歲就被任命為某地知縣，赴任前，袁枚去老師那裡告辭。老師對他說：「官不是你想像的那麼好當，你年紀輕輕就做上了知縣，有什麼準備啊？」

袁枚回答說：「晚生並未做什麼特別的準備，只是帶了一些高帽子，準備見人就送一頂，因為人人都喜歡戴高帽子啊！」

老師一聽，不高興了：「為官一定要正直，虧你還讀了那麼多聖賢書，怎麼也搞這一套呢？」

袁枚聽完馬上回答：「老師的話很對，但請老師您想想，當今這個世界上，像老師您這樣不喜歡戴高帽子的人，又有幾個呢？」

聽到袁枚這麼一說，老師馬上就轉怒為喜。於是，師生歡歡喜喜地告別了。

袁枚從老師的家裡出來後，感慨地說：「我準備的*100*頂高帽子，還沒到任，就已經送出去一頂了。」

袁枚送給老師的這頂高帽，完美地詮釋了馬屁味道的真諦。馬屁味道的製造必須講究委婉自然的風格，順理成章，似不經意，卻又不一語中的，才能讓別人心滿意足地接受你所拍的「馬屁」。

和善於製造馬屁味道的人比起來，低級的馬屁精常常苦於拍馬屁拍不到位，平庸露骨的恭維往往拍在馬腿上，馬屁精的低級馬屁不但不能討得別人的歡心，反而讓自己在眾人眼中留下「奴顏媚骨」的小人形象，同時，他們太不著邊際的馬屁也會讓被拍者也很難為情。

吳華在年終總結會議上做了一番「真情流露」的感言：在這一年的風風雨雨裡，在王經理的教育和幫助下取得了很大的進步，做出了不小的成績。王經理是恩師，今後他還要繼續尾隨王經理的腳步，做一個像王經理這樣完美的人。一番話令同事側目，王經理也尷尬地咳嗽了幾聲。這時，吳華又畫蛇添足地補充了一句：「我們的王經理真是德高望重、才智過人啊！」會場頓時一片譁然，這位王經理不過三十歲而已，何來德高望重？

吳華辛苦半天，並沒有給王經理留下什麼好印象，太過露骨的恭維顯得那麼虛偽，明眼人一眼就能識破。說話沒有分寸，是最愚蠢的吹捧行為。可見，想討別人的歡心，把馬屁拍到位，應該注意的問題還有很多。

1.要講究場合

在眾目睽睽之下是不便施展馬屁功夫的。當事人本人可能會覺得你多事，而旁觀者更會鄙薄你的為人。所以在公開場合拍馬屁不但對上有礙，也對自己有失。與別人拉關係最好是在私下閒聊時，或者在茶餘飯後輕鬆的場合，選擇他情緒較好的時候，似乎不經意地輕輕一拍，最容易切中他的心意，使拍與被拍者皆大歡喜。

2.要做調查研究

你想要討好的人他喜歡什麼，不喜歡什麼，性格怎樣，脾氣如何，都應該寫入你的私人馬屁手冊的第一頁。而這些資訊的獲得，當然不能離開調查研究。第一是你自己在日常工作中細心觀察，小心體會；第二是多打聽細查問，從他的身邊人那裡套取情報。當然，調查工作以不露聲色為上，不然大張旗鼓研究一個人，就顯得太過詭異。

3.要委婉自然

拍馬屁不是生搬硬套，七拐八繞，硬拍強拍，說出來的話荒謬可笑，很容易引起當事人的厭惡和鄙視。

英國馬屁研究學者施滕格爾出了本書《你太好了——馬屁簡史》，書中提醒：如果你只是個小職員，請不要告訴執行總裁他是天才。你和你的對象之間的地位越懸殊，你拍的馬屁就得越含蓄。

所以說，拍馬屁也是有學問的，需要我們慢慢體會。

51 背後讚美效果更佳

讚美他人作為一種建立良好人際關係的技巧，不是隨口說幾句好聽的恭維話就能奏效的，發自內心是讚美他人的第一要求，因為每個人的內心都渴望被人認可、賞識。理學家詹姆士說過：「人類天性的至深本質是渴求為人所重視。」由此而及彼，別人也渴望我們的讚美。所以，學會讚美別人往往會成為你處世的法寶。

那些能夠在35歲之前超越他人的年輕人，往往是深諳讚美之道的人，他們明白，讚美也有技巧。比如從背後去讚美別人。當面說人家的好話，對方會以為我們可能是在奉承他、討好他。當我們的好話是在背後說時，人家會認為我們是出於真誠的，是真心說他的好話，人家才會領情，並感激我們。這是因為，背後的讚美，往往是出於真心且不含有任何條件的，這自然會令被讚美者感受到你的誠意，從而獲得愉悅的感受。

喜歡聽好話似乎是人的一種天性。當來自社會、他人的讚美使其自尊心、榮譽感得到滿足時，人們便會情不自禁地感到愉悅和鼓舞，並對說話者產生親切感，這時彼此之間的心理距離就會因讚美而縮短、靠近，自然就為交際的成功創造了必要的條件。

在背後說一個人的好話比當面恭維說好話效果要好得多，你不用擔心，你在背後說他的好話，很容易就會傳到他的耳朵裡。對一個人說別人的好話時，當面說和背後說是不同的，效果也不會一樣。

你當面說，人家會以為你不過是奉承他，討好他。當你的好話在背後說時，別人認為你是出於真誠的，是真心說他的好話，才會領你的情，並感激你。

假如你當著上司和同事的面說你上司的好話，你的同事們會說你是討好上司，拍上司的馬屁，而容易招致周圍同事的輕蔑。另外，這種正面的歌功頌德，所產生的效果反而很小，甚至有反面效果的危險。你的上司臉上可能也掛不住，會說你不真誠。與其如此，倒不如在公司其他部門、上司不在場時，大力地「吹捧一番」。這些好話終有一天會傳到上司的耳中的。

有一個員工，在與同事們午休閒談時，順便說了上司的幾句好話：「林經理這個人很不錯，辦事公正，對我的幫助很大，能為這樣的人做事，真是一種幸運。」沒想到這幾句話很快就傳到林經理的耳朵裡去了，這免不了讓林經理的心裡有些欣慰和感激。而同時，這個員工的形象也上升了。連那些「傳播者」在傳達時，也順便對這個員工誇讚了一番：這個人心胸開闊，人格高尚，真不錯。

在背後說別人的好話，能極大地表現你的「胸懷」和「誠實」。有事半功倍的效用。比如，你誇上司說他公平，對你的幫助很大，而且從來不搶功。以後，你的上司在「搶功」時，可能會有那麼一點點顧忌，也會手下留情。

如果別人瞭解了你對任何人都一樣真誠時，對你的信賴就會日益增加。在背後說別人的好話，會被人認為是發自內心、不帶私人動機的。其好處除了能給更多的人榜樣和激勵作用外，還能使被說者在聽到別人「傳播」過來的好話後，更感到這種讚揚的真實和誠意，從而在榮譽感得到滿足的同時，增強了上進心和對說好話者的信任感。

所以，在背後誇讚一個人比當面恭維效果要好得多。當然，前提是一定要想辦法讓對方知道。否則，這一切都沒有意義。所以，選擇聽者很重要。

首先，這個人喜歡「傳話」。這樣才能保證你的好話沒有白講，心血沒有白費。另外，也要講究一下方式。在重點誇讚那個人時，更要順便把眼下這個傳話者誇獎一番；或在重點誇讚這個傳話者時，「順便」誇一下你真正要誇的那個人。

比如，你誇了「傳話者」熱情、愛幫助人，而且感嘆這樣的人現在越來越少了。然後「指點」他，你不妨和林經理多接觸接觸，他這個人也很熱心，值得交。

同時要注意的是「傳話者」不能和「被誇者」有矛盾。否則，他（她）不但不把你的話傳過去（他也不可能傳到「被誇者」那裡），反而會把你當作他的「敵人」的同黨。

有一點則是微妙的，盡量不要讓傳播者和被誇者是同性，尤其不要都是女人。有時，哪怕你說的是事實，也會讓「傳話」的人心裡不舒服。即使你先誇讚她許多，只提及另外那個人一點點，她很可能將有關她的話「照單全收」，而將對她的同性的稱讚半路「截留」。

52 適當回饋別人的幫助

人與人之間的情誼，既需要真心誠意，也需要感激與適當回報。感恩也像其他受人歡迎的特質一樣，是一種習慣和態度。但它卻常常被人忽略，生活中很多年輕人或是害羞、或是驕傲冷漠，很少對別人說謝謝，以至於經常聽人說：「幫了他的忙，連句『謝謝』都不會說。」

美國人傑姆曾說，他很喜歡東方的女孩子。西方女性把男士們的「紳士行為」視為「理所當然」。男士們幫女士提重物、搬東西，「理所當然」；男士幫女士開門、拉椅子，「理所當然」。同時，在西方教育背景下，男士也視這些紳士行為「理所當然」。

有一次因為擴大經營的需要，他們部門從十樓搬到八樓，每個人必須把自己的東西以及一桌一椅搬下去。傑姆搬了一張椅子，發現真的很重，他擔心女孩子搬不動，於是他告訴女同事，椅子交給他們有力氣的男同事去搬。結果一路上，女同事陪他們聊天，搬完了，還忙著倒開水、泡咖啡給他們喝，讓男同事們很是愉快。

「如果在我們國家，搬重物『理所當然』是男孩子的工作，沒有人會陪你聊天，沒有人會感激地倒開水、泡咖啡。也許中國人沒這個觀念，但是中國女孩子體恤別人的作風，真的非常可愛，我們幫她們，不但樂意，而且開心，這種受人尊重的感覺真好。」

很多時候，我們會把別人對自己的好視為理所當然，他人喜歡我們，當然不介意被我們「麻煩」，一些小事情，也「幫」得十分樂意。

可是俗話說：「受人點滴，湧泉相報」，就是要我們常懷感恩的心，以看待朋友的好心。任何人都不喜歡自己的好心被人當作驢肝肺，一次兩次也許還可以忍受，次數多了就會漸漸用光朋友的交情，到時就會發現，朋友似乎不再那麼「樂意」助人。

因此，與人相處我們當謹記一件事：天底下沒有誰幫誰是理所當然的，今天人家肯幫忙那是人情，即使有錢可賺，也應心懷感激。

適度地表達我們的感激是必要的。也許我們不懂得比較「高尚」的做法，但吃頓飯、送個小禮物，也能表達我們的感謝。它的作用不在於「禮」的輕重，而是心意的表示，讓朋友曉得他這個忙幫得多麼具有「價值」，多麼受你的重視，也許在他而言是舉手之勞，對你來說卻可能是攸關生死的大事。最重要的是，你說出來了，他也聽到了，知道你有多在乎這件事。就像傑姆的女同事，一路陪他們聊天，事後還倒開水、泡咖啡，沒花什麼錢，卻十足表現了她們的感激之情，而傑姆他們也感受到了，同時還說「很愉快」。其實朋友在乎的不過是這一點點回饋罷了。

你求別人辦事，如果沒有及時回報，下一次又求人家，就顯得不太自然。因為人家會懷疑你是否有回報的意識，是否感激他對你的付出。及時地回報，可以表現自己是知恩圖報的人，有利於相互的繼續交往。這也就正驗證了那句話：「付出總有回報」。這種得到對方的恩惠，就一定要報答的心理，就是「互惠定律」，這是人類社會中根深蒂固的行為準則。

生活中有許多年輕人抱著「有事有人，無事無人」的態度，把朋友當作受傷後的拐杖，復原後就扔掉。此類人大多會被拋棄，沒人願意再給他幫忙；他去施恩，大概也沒人願意領受他的情。一個沒有人情味的人，是永遠玩不轉看似簡單實則微妙的人情關係的。這種人只會用「互相利用，互相拋棄，彼此心照不宣」來推擋，而不去深思人情世故的奧秘之處，所以無法達到人情操縱自如的境界。

53 在失意人面前不說自己的得意事

會說話辦事的人都知道，當自己的人生處於得意之時，千萬別將得意之色在那些此時正處於人生低谷的人面前顯露，這樣才不會傷害他的「面子」。反之當你把自己的得意表露無遺時，就會招來別人的怨恨。

有一個女孩剛調到人事部的那段日子裡，幾乎在同事中連一個朋友也沒有，她自己也搞不清是什麼原因。

原來，有一段時間，她認為自己正春風得意，對自己的機遇和才能滿意得不得了，幾乎每天都向同部門的同事炫耀她在工作中的成績。

而那個同事正因為前些日子一個項目做砸了，被主管狠狠地訓了一頓，心情正極度鬱悶中。所以那個同事聽了之後不僅沒有分享她的「得意」，而且還極不高興。

其他的同事看到這個女孩不知收斂，也是極不滿意。後來，還是她當了多年公務員的父親一語點破，她才意識到自己的癥結到底在哪裡。

以後，每當她有時間與同事閒聊的時候，她總是讓對方把自己的得意炫耀出來，與其分享，久而久之，她的同事們都成了她的好朋友。

生活中，與人相處，一定要謹記——不要在失意者面前談論你的得意。

誠然，人在得意時都會有張揚的欲望，都想及時地把得意的事和大家分享，以顯示自己的優越感。但是要談論你的得意時，要注意說話的場合和對象。你可以在演說的公眾場合談，對你的員工談，享受他們投給你的欽羨目光；也可以對你的家人談，讓他們以你為榮，引以為豪。

但就是不要對失意的人談。

因為失意的人最脆弱，也最敏感，更容易觸發內心的失落感。你的每一句得意之言都會在他心中形成鮮明的對比，你的談論在他聽來都充滿了諷刺與嘲諷的味道，讓失意的人感受到你「看不起」他。這樣會大大傷害他的「面子」，無情地撕裂他的自尊心和驕傲。

當別人夫妻失和，跟你訴苦時，你與其大發宏論，教他夫妻相處之道，不如說：「其實，家家如此，你看我和我的另一半，現在好像很恩愛，其實，我們以前也常吵架，甚至曾想過要離婚呢！」

這樣，他就會在心中想，他比你當年還要強很多，以後應該至少會和你一樣好。

別人事業失敗，跟你訴苦時，你與其以成功者的姿態來指導事業通暢之道，不如告訴他，你當年跌得比他更慘，現在的輝煌是一點一點慢慢做起來的。這樣，他也會想，他也能東山再起，和你一樣成功。

大家的婚姻都曾失和，大家的事業都曾失利，你和他不是因此而有了共同意識，在感覺上走得更近了嗎？

人生在世，難免會遇到各種各樣的挫折，所以在他人陷入生活的低谷時，你千萬不要將自己的成就擺出來炫耀，不能太過張揚，否則只會引起別人的厭煩，漸漸與你疏遠，使自己在人際交往中孤立無援。因此，年輕人要學會淡化自己的得意，善待他人的失意。

生活中，確實有些人認為自己總會比別人技高一籌，事事比人強。他們總喜歡把得意掛在嘴上，逢人便誇耀自己如何如何能幹，如何如何富有，完全不顧及別人的「面子」，甚至沒有顧及當時的聽者是不是一個正處於人生低迷期的人，他們夸夸其談後總以為能夠得到別人的敬佩與欣賞，而事實上，別人並不願意聽他的得意之事，自我炫耀的效果往往是適得其反。

一次，李仁約了幾個朋友來家裡吃飯，這些朋友彼此都是熟識的。李仁把他們聚攏來主要是想藉著熱鬧的氣氛，讓一位目前正陷入低潮的朋友心情好一些。

這位朋友不久前因經營不善，關閉了一家公司，妻子也因為不堪生活的壓力，正與他談離婚的事，內外交迫，他實在痛苦極了。

來吃飯的朋友都知道這位朋友目前的遭遇，大家都避免去談與事業有關的事，可是其中一位姓吳的朋友因為近來賺了很多錢，酒一下肚，忍不住就開始談他的賺錢本領和花錢功夫，那種得意的神情，連李仁看了都有些不舒服。那位失意的朋友低頭不語，臉色非常難看，一會兒去上廁所，一會兒去洗臉，後來他提早離開了。李仁送他出去，在巷口，他忿忿地說：「老吳會賺錢也不必在我面前說得那麼神氣，太不給人面子了。」

李仁瞭解他的心情，因為在多年前他也有過低潮，而當時正風光的親戚在他面前炫耀自己的薪水、年終獎金時，那種感受，就如同把針一支支插在心上，有說不出的苦楚。

李仁那位賺了不少錢的朋友，正是不會處世的人。會處世的人會將自己的得意放在心裡，而不是放在嘴上，更不會把它當作炫耀的本錢。他們會在和朋友交談時，多談他關心和得意的事，這樣不僅可以贏得對方的好感和認同，也可以加深彼此之間的感情。

做人要時時刻刻注意為別人保住體面和尊嚴，才不會被人討厭，才有可能真正被人接納，找到成事的「切入點」，讓自己的人生多一條坦途，少一分牽絆。

54 爭一步不如退一步

古人常說：「路徑窄處，退一步與人行；滋味濃時，減三分讓人嘗。」就是說在道路狹窄的時候，要退一步讓別人能走；在享受美餐的時候，要分一些給別人吃。這同時也是立身處世取得成功的最好方法。

對於我們做人來說，不要事事處處爭強好勝，不要遇事就和人硬碰硬，應該明白「退一步海闊天空」的道理。處處和人硬來，最終可能雙方都頭破血流。懂得退讓並非是示弱的行動，而是智慧的表現。古今中外許多名人智者都有過類似的經歷。

一次，蘇格拉底在大街上與人辯論，結果被對方踢了幾腳，但蘇格拉底顯出若無其事的樣子。有人對此迷惑不解，蘇格拉底解釋說：「我沒有必要去踢一頭驢子。」

蘇格拉底將對方比喻成一頭驢子，也就是說，智者是不應該跟一頭驢子計較的。驢子是動物，牠們沒有意識、思想，控制不了自己的言行，所以會做出一些粗魯的事情來。但是人類是有智慧的，如果與動物較勁，那與動物又有何區別呢？蘇格拉底運用這樣的思維，避免了一場「戰鬥」。

試想，如果換作別人，可能絲毫不會退讓，說不定還直接衝上去與那個人扭成一團，你打我一拳，我踢你一腳，後果可想而知了。

一個哲學系的大學生騎自行車與一個青年相撞。青年破口大罵，大學生卻大笑不止。一個路人問大學生：「他罵你，你為什麼反而大笑呢？」

「罵人不過是把氣憤轉嫁給對方，」大學生說，「當他達不到目的時，他會更加氣憤的！」

大學生的做法與蘇格拉底有相似之處。如果大學生接過別人轉嫁過來的氣憤，與青年對罵，你不讓我，我不讓你，這就引發了爭執。在爭執中，人人都不願承認自己的錯誤，總是將責任推給對方，對對方大加指責，公說公有理，婆說婆有理，一點小事就由於相互的不依不饒而轉變成了大事，那時再要化解就相當難了。

清朝時有兩家鄰居因一道牆的歸屬問題發生爭執，欲打官司。其中一家想求助於在京為官的親屬張廷玉幫忙，張廷玉沒有出面干涉這件事，只是給家裡寫了一封信，為勸家人放棄爭執，信中有這樣幾句話：

「千里求書為道牆，讓他三尺又何妨？萬里長城今猶在，誰見當年秦始皇？」

家人聽從了他的話，鄰居也覺得不好意思，兩家終於握手言歡，反而使你死我活的爭執變成了真心實意的謙讓。可見，退讓是化解矛盾、消除仇恨的最好方法。

有這樣一則寓言：南方的河裡有一條豚魚，游到一座橋下，撞在了橋柱上。牠不怪自己不小心，也不想繞過橋柱，反而生氣起來，認為是橋柱撞了自己。牠氣得張開嘴，豎起顎旁的鰭，脹起肚子，漂在水面上，很長時間一動也不動。飛過的老鷹看見牠，一把抓起來，把牠的肚子撕裂，這條豚魚就這樣成了老鷹的食物。

蘇東坡聽後就此議論說：「世上有的人在不應該發怒的時候發怒，結果遭到了不幸，就像這條豚魚，『因游而觸物，不知罪己』，不去改正自己的錯誤，卻安肆其忿，至於磔腹而死，真是可悲！」

事情發生後總是責備別人，當然會有很多氣受了。豚魚錯就錯在不會退避。現實生活中，不是有很多這樣的「豚魚」嗎？如果不能看清形勢，該退的時候就退，而是時時逞強，只會使自己陷入孤獨無助的處境；生意場上如果不能量力而行，退讓一步，可能會錯誤的投資，損失慘重，那麼，種下的苦果只能由自己來吞食。

不管是做事，還是對人，都必須要懂得退讓的要訣，要在退讓中體現出自己的魄力和智慧，同時也能保存實力，量力而行，而不是為了表面文章而大傷元氣，這才不失為人生當中的妙招。

退一步讓三分，不僅給別人留一條活路，也是自己拓寬人際資源的絕妙之策。生活中，今天你讓了他一步，明天他會還你兩步，這樣一來二去就等於交了一個好朋友，朋友多了好辦事，人脈是一個人在社會上打開一道通往成功的方便之門。如果你凡事都想利益獨享，凡事好處都自己獨吞，那麼即使你有著驚世的才華也只能是無用的白紙，而且在別人的心目中你也是一個自私自利的人，如果學點分享主義，好處利益分給眾人，讓每個人的心理得到平衡，這樣大家肯定會通力合作，協助你順利取得成功。

《菜根譚》中有句話說：「人情反覆，世路崎嶇。行不去處，須知退一步之法；行得去處，務加讓三分之功。」

這句話的意思就是，人間世情反覆無常，人生之路崎嶇不平。在人生之路走不通的地方，就要知道退讓一步的道理；在能走得過去的地方，也一定要給別人三分的便利，這樣才能逢凶化吉、一帆風順。的確，我們要永遠記住：路行窄處，退一步給別人。

第五章

35歲前不要循規蹈矩

55 成功者往往都是離經叛道的人

「離經叛道」，有人曾經總結過這樣的話：現在的正常人太多了，不如做個非正常人。成功的魔法往往在於你那一點點的不正常之中。打破規矩的束縛，做個「壞孩子」，說不定你就能比那些循規蹈矩的人取得更大的成就。

被稱為美容界「魔女」的英國人安妮塔，曾位列世界十大富豪之一，她擁有數千家美容連鎖店。不過，安妮塔為這個龐大的美容「帝國」創造財富時，卻反其道而行，從沒有花過一分錢的廣告費，這在當時被認為是一種不可理喻的舉動。

安妮塔於*1971*年貸款*4000*英鎊開了第一家美容小店。在安妮塔的預算中，沒有廣告宣傳費。正當安妮塔為此焦慮不安時，她收到一封律師來函。這位律師受兩家殯儀館的委託控告她，要求她要嘛不開業，要嘛就改變店外裝飾。原因是像美容小店這種花稍的店外裝飾，勢必破壞附近殯儀館莊嚴肅穆的氣氛，從而影響業主的生意。

安妮塔又好氣又好笑。無奈中她靈機一動，打了一通匿名電話給布利頓的《觀察晚報》，聲稱她知道一個吸引讀者擴大銷路的獨家新聞：黑手黨經營的殯儀館正在恫嚇一個手無縛雞之力的可憐女人——羅蒂克．安妮塔。

《觀察晚報》果然上當。它在顯著位置報導了這則新聞，不少富有同情心並仗義的讀者都來美容小店安慰安妮塔。由於輿論的作用，那位律師也沒有再來找麻煩。小店尚未開業，就在布利頓出了名。開業之初，美容小店顧客盈門，熱鬧非凡。

無獨有偶，當初美容小店進軍美國時，開張前幾週，紐約的廣告商紛至沓來，熱情洋溢地要為美容小店做廣告。他們相信，美容小店一定會接受他們的熱情，因為在美國，離開了廣告，商家幾乎寸步難行。

安妮塔卻態度鮮明：「先生，實在是抱歉，我們的預算費用中，沒有廣告費用這一項。」美容小店離經叛道的做法，引起美國商界的議論紛紛。紐約商界人人皆知的常識是外國零售商要想在商號林立的紐約立足，若無大量廣告支持無異自殺。

敏感的紐約新聞媒介沒有漏掉這一「奇聞」，他們在客觀報導的同時，還加以評論。讀者開始關注起這家來自英國的企業，覺得這家美容小店確實很怪。這實際上已起到了廣告宣傳的作用，安妮塔並沒有去刻意策劃，但卻節省了上百萬美元的廣告費。

到了後來，美容小店的發展規模及影響足以引起新聞界的矚目時，安妮塔就更沒有做廣告的想法了。但是當新聞媒體採訪安妮塔或者電視臺邀請她去製作節目時，她總是表現活躍。

安妮塔就是依靠這一連串的標新立異的做法使最初的一間美容小店擴張成跨國連鎖美容集團。她的公司於*1984*年上市之後，很快就使她步入億萬富翁的行列。

離經叛道是一個讓很多人看不慣的行為，但是無數的事實由不得你不換一種思維去解讀和處理事情，啃了十幾年的書本無法成為你笑傲江湖的寶典，事事按照規矩行事會讓你淹沒在人群中。別被教條所限，別讓別人的意見淹沒你內心的聲音，記住：成功，有時候需要一點點離經叛道的精神。

56 成功就是走少有人走的路

有一個人要穿過沼澤地，因為沒有路，便試探著走。經過嘗試他走了很長一段路，但是一不小心他一腳踩進爛泥裡，沉了下去。

又有一個人要穿過沼澤地，看到前人的腳印，便想：這一定是有人走過，沿著別人的腳印走一定不會有錯。用腳試著踩去，果然實實在在，於是便放心地走下去。最後也重蹈覆轍一腳踏空沉入了爛泥。

又有一個人要穿過沼澤地，看著前面眾人的腳印，心想：這必定是一條通往沼澤地彼端的大道，看，已有這麼多人走了過去，沿此走下去我也一定能走到沼澤的彼端。於是大踏步地走去，得到了與前人同樣的結局。

人生之路就如這沼澤，處處充滿陷阱，並不是走的人越多就越平坦、越順利，沿著別人的腳印走，不僅走不出新意，有時還可能會跌進陷阱。

眾人都走過的路，往往沒有果子留下來。成功需要創新，需要獨闢蹊徑，走別人沒有走過的路，只有這樣，才能發現新的機會、新的成功。

「沿著你自己最明顯的傾向和最強烈的特性前進，並仍然忠實於體現自己的人性。」這是英國工藝美術運動領導人莫里斯對「立異」的注釋，他認為「立異」是人與人之間的差別。他說：「個人之間的差別很大、很頑強，也很重要。」

在製造人類時，上帝並未批量生產，而是一個一個地用心捏塑，所以有高矮胖瘦、聰明愚笨之分。每個人都有自己獨特的地方，差異性是人的生命力的個體標誌。在我們與他人打交道時，在我們為群體、為他人服務時，並不意味著你該把自己混同於他人，也沒必要強求自己完全化解到人群裡去，即使要體現人的共性，也仍要以你自己認為最合適的方式表達，這樣才能把自己具有的「明顯傾向」和「強烈特性」的自我發展與社會發展融為一體，使自己成為一個健康、完整、獨立的人。

盲目從眾就是抹殺上帝賜予我們的獨特，讓我們的生命變得平庸。認識自己的獨特性已經和每個人的生存品質緊密相連。在每一個時代，每一個國家，都有靠自己標新立異的個性闖出一條新路的偉大人物，他們從不抄襲他人、模仿他人，也不願意墨守成規而使自己受到束縛，因而成就了自己的偉大事業。

那些有毅力、有創造力的人，往往是標新立異的先鋒。

格蘭特將軍從不照搬軍事教科書上的戰術，而是採用自己獨特的戰法，他雖然受到許多將士的詰難與指責，但他卻能戰勝強大的敵人；拿破崙並不熟知以往的戰略戰術，但他自己制定的新戰略和新戰術，竟能戰勝全歐洲；西奧多・羅斯福的施政方針，絕少依照白宮前任總統們的政策方略。他做過員警、公務人員、副總統、總統，他總是按照自己的意願去做，絕不模仿他人，終於表現出驚人的政績。而那些懦弱、膽怯而無創造力的人，永遠不會找到新的出路。

成功者不走尋常路，因而，他們可以達到不凡，世人總是用異樣的眼光欣賞和羨慕成功者。不論是華盛頓，還是愛因斯坦，也不論是比爾・蓋茲，還是王永慶，他們都是成功者，但他們都有各自不同尋常的經歷和不同尋常的做法。成功是不尋常的，成功者也是不尋常的，因為，事實已經證明：標新立異，讓你的成功與眾不同。

很多人在成功的道路上，總是追尋榜樣的力量。確實，那些榜樣有很多值得我們學習的地方，某些方法或模式適合我們套用。但是同時要立「異」、要創新、要以自己的風格，創造出一套屬於自己的成功哲學和理論。

怎樣才能標新立異呢？

事實上並不需要完全立異，只需要比競爭對手好*1*％就可以了。

因為*100*％「立異」的產品無法被顧客接受，而比原來好*1*％的創新會得到非常大的肯定。

同時，100％「立異」的人會被人們孤立，而1％的「立異」會讓人們覺得你與眾不同、有個性，因而易於被接受。

在美國哈佛大學的畢業典禮上，校長每年都要向全體師生特別介紹一位新生。去年，校長隆重介紹的，是一個自稱會做蘋果派的女學生。學生都感到奇怪，哈佛不乏多才多藝之人，為何推薦一個僅僅擅長做蘋果派的學生呢？最後，校長揭開了謎底。哈佛大學每年的新生都要填寫自己的特長，幾乎所有的同學都填寫諸如運動、音樂、繪畫等，從來沒有人填過自己擅做蘋果派。因此，這個女學生便脫穎而出。

填寫擅長運動、音樂、繪畫的，或是填寫做家務、經商等等，只會讓人覺得千篇一律、乏味枯燥。但是，他們所寫的很多人都已經寫過了，並且這樣的答案還在不斷地重複。細細想來，這背後是一種簡單的重複，缺乏創造。而那個女孩填寫「會做蘋果派」這個答案，則顯示出一種天真的可愛和純樸，讓她能夠在眾多重複之中令人眼前一亮，脫穎而出。

其實，「世界上本來有路，走的人多了，也便沒了路。」這就是創新的定律。敢於走標新立異的路，讓我們的成功與眾不同。

57 勝利有時候需要反其道而行

有一個聰明的男孩，有一天媽媽帶著他到雜貨店去買東西，老闆看到這個可愛的小孩，就打開一罐糖果，要小男孩自己拿一把糖果。

但是這個男孩卻沒有任何的動作。幾次的邀請之後，老闆親自抓了一大把糖果放進他的口袋中。

回到家中，母親很好奇地問小男孩，為什麼沒有自己去抓糖果而要老闆抓呢？

小男孩回答得很妙：「因為我的手比較小呀！而老闆的手比較大，所以他拿的一定比我拿的多很多！」

我們大多人都會跟這個小孩子的媽媽犯同一個思維錯誤：如果小孩想要糖肯定會伸出自己的小手去抓。

故事中這個小男孩要糖，但是他要糖不抓是為了讓老闆的大手抓。從這個故事反映出小孩反彈琵琶的聰明和智慧：自己不抓不等於不要糖，而是為了讓老闆抓，大手勝過小手可以要更多的糖。

巴黎的一條大街上，同時住著三個不錯的裁縫。可是，因為離得太近，所以生意上的競爭非常激烈。為了能夠壓倒別人，吸引更多的顧客，裁縫們紛紛在門口的招牌上作文章。

一天，一個裁縫在門前的招牌上寫上了「全巴黎最好的裁縫」，結果吸引了許多顧客光顧。看到這種情況以後，另一個裁縫也不甘示弱。

第二天，他在門口掛出了「全法國最好的裁縫」的招牌，結果同樣招攬了不少顧客。

第三個裁縫非常苦惱，前兩個裁縫掛出的招牌吸引了大部分的顧客，如果不能想出一個更好的辦法，很可能就要成為「生意最差的裁縫」了。

但是，什麼詞可以超過「全巴黎」和「全法國」呢？如果掛出「全世界最好的裁縫」的招牌，無疑會讓別人感覺到虛假，也會遭到同行的譏諷。到底應該怎麼辦？正當他愁眉不展的時候，兒子放學回來了。當他知道父親發愁的原因以後，笑著說：「這還不簡單！」隨後揮筆在招牌上寫了幾個字，掛了出去。

第三天，另兩個裁縫站在街道上等著看他們的另一個同行的笑話，但事情卻超出了他們的意料。因為，他們發現，很多顧客都被第三個裁縫「搶」走了。這是什麼原因？原來，妙就妙在他的那塊招牌上，只見上面寫著「本街道最好的裁縫」幾個大字。

在競爭日趨激烈的今天，人們更需要借助於不同常規的思維方式來取勝。在上面的故事中，面對其他人提出的全城和全國的「大」，裁縫的兒子卻利用街道的「小」來作文章，並最終取得了勝利。因為在全城或者全國，他不一定是最好的，但在街道這個特定區域裡，他就是最好的，而這才是具有絕對競爭力的。

反其道而行是人生的一種大智慧，當別人都在努力向前時，你不妨倒回去，做一條反向游泳的魚，去尋找屬於你的路徑。

58 別怕做白米飯上的黑芝麻

英文中把那些大家庭中的搗蛋分子成為「黑羊」（*Black Sheep*），設想一下，一大群白羊之間有一隻黑羊，那就像是白米飯上的一粒黑芝麻，顯得突兀而不同，而也正是因為它的突兀和不同，才會贏得別人的注意。

鋼鐵大王卡內基小時候家裡很窮。有一天，他放學回家經過一處工地，看到一個像老闆模樣的人正在那兒指揮蓋一幢摩天大樓。

卡內基走上前問「：我長大後怎樣才能成為像您這樣的人呢？」

「第一要勤奮……」

「這我早就知道了，第二呢？」

「去買件紅衣服穿。」

卡內基滿腹狐疑問道：「這與成功有關嗎？」

老闆模樣的人指著前面的工人說：「你看他們都穿著清一色的藍衣服，所以我一個都不認識。」說完，他又指著旁邊一個工人說：「你看那個穿紅衣服的，就是因為他穿得跟旁人不同，這才引起了我的注意，我也就認識了他，發現了他的才能，這幾天我會另外安排他一個職位。」

不要怪這個世界不公平。如果到今天為止，你的能力還沒有得到別人的賞識，你不妨學學這些聰明人，給自己穿一件「紅衣服」。

如果一個人走入人群，不能很清楚地表現自己獨特的一面，而只是成為人群中的一分子的話，這個人的個人形象明顯存在缺憾。缺乏個人化的特質很難引起別人對你的注意，當然更談不上成功了。因此，要想抓住成功的機會，就要隨時秀出自己的與眾不同，就像下面的故事主角一樣。

妮妮大學剛畢業，到一家公司應聘財務會計工作，面試時即遭到拒絕，因為她太年輕，公司需要的是有豐富工作經驗的會計人員。妮妮沒有氣餒，她對主考官說：「請再給我一次機會，讓我參加完筆試。」主考官拗不過她，答應了她的請求。結果，她通過了筆試，由人事經理親自複試。

人事經理對妮妮頗有好感，因為她的筆試成績是最好的。不過，妮妮的話卻讓經理有些失望，她說自己沒工作過，唯一的工作經歷是在學校掌管過學生會財務。他們不願找一個缺乏工作經驗的人做財務會計。人事經理只好敷衍道：「今天就到這裡，如有消息我會打電話通知你。」

妮妮從座位上站起來，向人事經理點點頭，從口袋裡掏出一元錢，雙手遞給人事經理：「不管是否錄取，都請您打個電話給我。」

人事經理從未見過這種情況，竟一下子呆住了。不過他很快回過神來，問：「你怎麼知道我不給打電話沒有錄用的人？」

「您剛才說有消息就打，那言外之意就是沒錄取就不打了。」

此刻，人事經理對妮妮產生了濃厚的興趣，問：「如果你沒被錄用，我打電話，你想知道些什麼呢？」

「請告訴我，我在什麼地方不能達到你們的要求，我在哪方面不夠好，以便我改進。」

「那一塊錢……」

沒等人事經理說完，妮妮微笑著解釋道：「打電話給沒有被錄用的人不屬於公司的正常開支，所以由我付電話費，請您一定要打。」

人事經理馬上微笑著說：「請你把一塊錢收回。我不會打電話了，我現在就正式通知你，你被錄用了。」

就這樣，妮妮用這幸運的一元錢敲開了機遇的大門。

細想起來，其實妮妮被錄用的道理很簡單：一開始便被拒絕，妮妮仍要求參加筆試，說明她有堅毅的品格。財務是十分繁雜的工作，沒有足夠的耐心和毅力是不可能做好的。她能坦言自己沒有工作經驗，顯示了一種誠信，這對財務工作尤為重要。即使不被錄取，也希望能得到別人的評價，說明她有面對不足的勇氣和敢於承擔責任的上進心。

員工不可能把每項工作都做得完美，我們可以接受失誤，卻不能接受員工自滿不前。她自掏電話費，說明了思維的靈活性，她巧妙地展現了自己公私分明的良好品德，這更是財務工作者不可或缺的素質。而這一切構成了她的與眾不同。

無論是在工作中還是在生活中，我們都不要太「隨大流」，敢於展現出自己的與眾不同，你才能在人群中脫穎而出。

59 能成為海盜，何須加入海軍

「能成為海盜，何需加入海軍」，這是賈伯斯的座右銘。

這句座右銘的含義是什麼。賈伯斯在一次接受採訪時這樣解釋道：「人們很多時候不會去做偉大的事情，因為沒有人要求他們去嘗試，他們也沒有被寄予厚望。也沒有人會說『去做偉大的事情，這就是這裡的文化。』如果你建立了這樣的文化，那麼人們就能完成比他們自己想像中更偉大的事情。選擇成為一名海盜，意味著脫離人們對可能性的概念，一小群人做一些偉大的事情，並在歷史長河中被銘記。」

賈伯斯一生的經歷就和一個馳騁大海的海盜一樣精彩，他是一個美國式的英雄，幾經起伏，依然屹立不倒，就像海明威在《老人與海》中說到的，一個人可以被毀滅，但不能被打倒。他創造了「蘋果」，掀起了個人電腦的風潮，改變了一個時代。

賈伯斯出生於1955年，他家境一般，但智慧過人。賈伯斯讀書很勤奮，善於思考，曾以優異的成績考上了大學，但由於經濟拮据，幾乎是半工半讀，靠自己在業餘時間打工來賺取學費和生活費用。但即使如此，他在1974年還是因經濟所迫不得不中斷了大學學業，離開了大學之門。

賈伯斯中斷學業時，年僅19歲。他進入雅達利電視遊戲機械製造公司，找到了一份工作。然而，他的志向並不在此。當時，微電腦剛問世不久，在美國加利福尼亞的庫珀蒂諾鎮，一些業餘愛好者正在號召組織「自製電腦俱樂部」。賈伯斯雖然沒有讀完大學，但他已經掌握了不少相關的知識，加上他在業餘時間刻苦鑽研，對電腦技術頗感興趣。此時，他經過認真思考，認為要做出一番事業，從事電腦行業是最好的選擇。在未來，人人擁有一台電腦必將成為一種發展趨勢。於是，他下決心要在研究和開發個人用電腦方面闖出一番事業。他和朋友瓦茲尼雅克一起，開始創業。

但是他們倆手頭上都沒有錢，東拼西湊加起來才只有25美元。25美元何其微乎其微啊！然而他們就是用這一點錢，買了一片微處理器，賈伯斯把父親的修車房作為工作室，兩人便做了起來。這簡直就像是兩個小孩子在玩遊戲。然而，他們就是憑著這25美元的資本做起，經過廢寢忘食的奮鬥，終於試裝出一台單板微電腦，把它和電視機連接使用，可以在電視螢幕上顯示出文字和簡單的圖形來。

他們為自己取得的這一小成果而感到高興，便把這台個人用電腦送到「自製電腦俱樂部」展示，受到了熱烈稱讚和歡迎。他們信心十足，接著就試製出了一小批公開出售，誰知竟然非常搶手，有一家電腦商店竟然向他們一次訂購了350台！這給他們帶來了發跡的機會。

從此，他們雄心勃勃，把自己一切可以變賣的東西全都賣掉，換取了2500美元作為資本，再向當地的一家商店買了一批零件，用了29天的時間，就創立了一家小小的電腦公司。為了紀念賈伯斯在半工半讀的歲月裡曾在一個蘋果園裡工作過，他們把公司命名為「蘋果電腦公司」。

後來，「蘋果電腦公司」成了美國一家大型電腦公司，而賈伯斯則被譽為「電腦神童」，是個人電腦的開發鼻祖。

生命的時間是有限的，因此不要輕易浪費它，不能生活在別人的世界裡。不要被一些條條框框所限制，不要按照別人的想法來生活。有時候，你的內心和直覺已經知道了你真正想要成為什麼樣的人，那就一定不要讓別人的聲音淹沒你內心的夢想。最重要的是，要有敢於成為海盜的勇氣，在年輕的時候，張揚自己的個性，遵從內心的聲音。

60 高學歷不是成功的代名詞

有人說：「無知和眼高手低是年輕人最容易犯的兩個錯誤，也是導致頻繁失敗的主要原因。」這句話正是不少20幾歲的年輕人心態的真實寫照。有的年輕人覺得自己出身明星學校，能力自然比任何人都強，於是便常常眼高手低、不可一世。

但是，高學歷其實並不代表著高成功率。對於20幾歲的年輕人，學歷代表過去，能力要看將來。日本西屋集團主席堤義明認為，學歷只是一個人受教育時間的證明，代表一個人可能有的潛質，不等於一個人真正有多少實際才幹。

心理學家總結出一條非常簡單但又普遍適用的規律——不值得定律。對不值得定律最直觀的表述就是，不值得做的事情，就不值得做好。不值得定律反映出人們的一種心理，即如果你做的是一件自認為不值得做的事情，往往會持敷衍了事的態度。不僅成功率低，而且即使成功，也不會覺得有多大的成就感。

在潛意識中，人們習慣於對要做的每一件事情都做一個值得或不值得的評價，不值得做的事情也就不去做或不做好。

在現實生活中，太多的人只關注有光環的大事情、能夠出人頭地的大事業，而將本職工作中的許多具體事情歸類為不值得做的小事情，然而，正是這些小事情才是通往大事業的必經之路。基於不值得定律，心理學家告訴我們，自視越高的人，他認為不值得做的事情就越多，成為懷才不遇者的可能性越大，成功的機率也就相應越小。

如下是美國甲骨文軟體公司*CEO*，身價上百億美元的賴瑞·艾利森在美國耶魯大學*2000*屆畢業典禮上的演講：

耶魯的畢業生們，我很抱歉——如果你們不喜歡這樣的開場白。我想請你們為我做一件事：請你好好看一看周圍，看一看站在你左邊的同學，看一看站在你右邊的同學。

請你設想這樣的情況：從現在起5年之後、10年之後或30年之後，今天站在你左邊的這個人會是一個失敗者；右邊的這個人，同樣，也是個失敗者。而你，站在中間的傢伙，你以為會怎樣？同樣是失敗者，失敗的耶魯優等生。

說實話，今天我站在這裡，並沒有看到1千個畢業生的燦爛未來。我沒有看到1千個行業的1千名卓越領導者，我只看到了1千個失敗者。你們感到沮喪，這是可以理解的。為什麼，我，艾利森，一個退學生，竟然在美國最具聲望的學府裡這樣厚顏地散佈異端？我來告訴你原因。因為，我，艾利森，這個行星上第二富有的人，是個退學生，而你不是。因為比爾·蓋茲，這個行星上最富有的人——就目前而言——是一個退學生，而你不是。因為艾倫，這個行星上第三富有的人，也退了學，而你沒有。

現在，我猜想你們中間很多人，也許是絕大多數人，正在琢磨：「我能做什麼？我究竟有沒有前途？」當然沒有。太晚了，你們已經吸收了太多東西，以為自己懂得太多。你們再也不是19歲了。你們有了「內置」的帽子。哦，我指的可不是你們腦袋上的學位帽。

我要告訴你們，一頂帽子、一套學位服必然要讓你淪落……就像這些保安馬上要把我從這個講臺上攆走一樣必然……（此時，賴瑞．艾利森被帶離了講臺）

這是一篇狂妄而偏激的演講，也被稱為是「20世紀最狂妄的校園演講」。但是我們應該認識到，賴瑞．艾利森演講的主旨並不是想炫耀一個退學生的成功，而在於指出高學歷的「誤區」，大學教育可能會限制高學歷者的思維。另外，它很容易導致高學歷者自視過高，自認為「不值得」做的事情太多。

20幾歲的年輕人本來就有幾分初生牛犢的傲氣和浮躁，如果再有高學歷，傲氣當然就更盛了。基於這種心理，這些「吸收了太多東西，以為自己懂得的太多」的高學歷者，認為自己一開始工作就應該得到重用，就應該得到相當豐厚的報酬，往往會對手頭上瑣碎的工作感到不滿，常常抱怨「如此枯燥、單調的工作，如此毫無前途的職業，根本不值得自己去做」，動不動就有「拂袖而去」的念頭。

然而作為普通人，在大部分的時間裡，很顯然都在做一些小事，也許過於平淡，但這些都是成就大事不可缺少的基礎。在這個講究精細化的時代，細節和小事往往能反映出你的專業水準和內在素質。當天平處於平衡狀態時，在一方加入再小的砝碼也會使之傾斜。當你與別人的實力不相伯仲時，在小事上下工夫就成了決定成敗的關鍵。

所以，不要把你的學歷當成你的能力。從點滴做起，用一個個微小的成績鑄就自己工作與事業的輝煌，不要成為那些「懷才不遇式」的悲劇人物。

61 首先，打破一切常規

不以規矩，不成方圓。生活離不開各種各樣的規矩，有些我們應當遵守，但是完全按照規矩辦事很容易陷入僵局之中，在適當的情況下打破規矩的限制，會取得意想不到的效果。

「運籌帷幄之中，決勝千里之外」的諸葛亮在年輕時即表現出了不俗的氣質與智慧。他曾與龐統、徐庶等10人一起師從水鏡先生。

水鏡先生要求極為嚴格，一日出了道考題給他的幾名弟子，那就是如何說服自己在午時三刻之前允許他們出莊。

徐庶聽後無可奈何地一笑，雙手一攤，沒轍了。龐統比較滑頭，嬉笑著說：「讓先生允許我離莊，實在拿不出辦法，但如果弟子在莊外，則一定有辦法讓先生允許我進莊。」

水鏡先生一聽，板起臉：「這點小聰明也想誆我，一旁站著去吧！」

眾人都忙著想辦法，唯有諸葛亮伏在桌上睡大覺，待師兄弟將他推醒，午時三刻就要到了。師兄弟帶著幾分幸災樂禍的神情望著他，那眼神似乎在說：看來，你也沒啥能耐。這時卻見諸葛亮揉揉雙眼「一臉怒氣」突然一個箭步衝上前去，一把抓住水鏡先生的衣襟，高聲呵斥道：「哪裡有你這樣的先生，淨用無理的歪題整弟子，我不學了，還我3年學費！」

眾人見諸葛亮耍蠻發橫，慌了手腳；水鏡先生遭受羞辱，也氣得發抖。他急命徐庶、龐統：「把這小畜生給我逐出去！」諸葛亮站著不走，非要要回3年的學費不可，徐、龐二人費盡氣力，才把諸葛亮拖出莊去。

一出水鏡山莊，諸葛亮哈哈大笑起來，隨即折身來到水鏡先生跟前跪下，謝罪道：「適才為了考試，無奈中冒犯先生，萬望恕罪！」

水鏡先生聽罷，轉怒為喜。就這樣，諸葛亮通過了考試。與此同時，徐庶、龐統借光出了莊門，考試也算合格了。諸葛亮獲得成功，其他師兄弟一無所成，最根本的區別在於他知道如何打破常規。

古人除天倫應盡的孝道外，特別重視「師道」，因此有所謂「一日為師，終身為父」的感言和「尊師重道」的理念。正因為如此，弟子從不敢對師不敬。仔細考慮諸弟子的答案，都有一個明顯缺陷——針對著考題而來，目標指向都很明確——我要出莊（傳統考試習慣束縛了他們）。這一切自然都在水鏡先生意料之中，當然也就無法得逞。

懂得變通，打破常規的束縛，使諸葛亮輕鬆通過了考試。

在生活中，凡事不可生搬硬套，而應靈活地解決。如果拘泥於陳腐的模式，必然無法超越前人。只要主動地打破常規，自行開闢一片天地，再難解的結也就會迎刃而解了。想做一名卓越人士，就必須不停地主動調整自我，適應社會的變化，並懂得打破常規以取得成功。

62 打破沉悶的生活模式

潛能的繁衍需要不斷新生的空間，我們在一切舊事物的循環之中都無法捕捉到潛能的影子。唯有打破此時沉悶的生活模式，我們才能為潛能打通一個出口。它會在全新的生活模式下源源不斷地釋放自身的力量，讓我們獲得最寶貴的能量。

某位推銷員在為自己的工作總結時，將自己每天平均的訪問次數除以平均訂約的件數後發現，他的顧客訂立契約的機率很低，原因在於他在每次得到和大顧客訂約的機會時，總是因為畏縮或怠惰而喪失良機，而且他甚至從來沒有拜訪過這些顧客。

為了提升業績他開始思考自己的工作現狀及態度，決心改變現狀，積極地拜訪可以訂立契約的大客戶並增加每天的拜訪次數，努力爭取更多的訂單。此後，這位推銷員的能力得到了很大的提升，5個月後，他獲得了比從前多5倍的訂單。

還有一位上班族，他每個月的收支都呈赤字，只有靠著年終獎金才能勉強平衡，因此他整天悶悶不樂，覺得自己是一個毫無成就的人。這樣的狀況持續了很久，後來有一天他反問自己：「為什麼別人賺得比我多？」

仔細思考後，他得出了兩種增加收入的方法：第一，更加努力地工作；第二，做些副業以增加收入。他決定兩種方法同時進行。他對生活的重新規劃得到了回報，努力投入的結果呈現在眼前：以前他每個月要為赤字而焦頭爛額，而現在，他終於有了為數不小的儲蓄。

故事中的這兩個人原本的生活可謂循規蹈矩，毫無作為。但是，自從他們改變了舊有的模式，打破了沉悶的生活後，內在的潛能因此被激發出來，極大地改變了他們的生活。

如果生活過於沉悶，那麼你必然不會提起太大的興趣。這種毫無感覺的麻木狀態讓自身的能量場也如一汪死水一般，毫無波瀾，你身邊的能量場也只是維持著以往的頻率運轉，無法讓你產生激發潛能的念頭；如果打破沉悶的生活，為其注入一些鮮活的元素，那麼你自然會被各種新奇的事物激發起來。你身邊的整個能量場也會隨之鮮活靈動起來，它的振動頻率也必然不會像平常一樣。潛能恰恰可以接收這種振動頻率，在這種頻率下，潛能才會被激發出來，釋放出強大的力量。

沉悶單調的生活阻礙了潛能的釋放，而這種生活同樣也會讓人們喪失鬥志。與其終其一生尋找成功的影子卻碌碌無為，不如走出陳舊的生活模式，給潛能提供一個出口。不管你現在是學生還是上班族，不管你此時是否年輕，都可以從現在開始重新規劃自己的人生，讓深埋於心底的潛能甦醒與繁衍。

打破陳舊必然伴隨著新生能量的誕生，正所謂「舊的不去、新的不來」，當你身邊一切舊有的負向能量全部被新生的能量替代時，內在的潛能也會逐漸甦醒。當潛能意識到你想改變自己的生活，並且擁有獲得美好生活的決心與勇氣時，它就會竭盡全力地幫助你，讓你獲得意想不到的成功。

63 兩思而後行才是明智之舉

行動前應該思考幾次？兩次，三次，還是四次？

「季文子三思而後行。子聞之曰：再，斯可矣！」有人對這句話的解釋是，孔子聽到季文子三思而後行的舉動後，說：「還應該再思考一次。」

對此，南懷瑾先生則認為，孔子是在說：「思考三次，太多了，兩次就夠了。」

腦海裡如若有太多的「如果」、「怎麼辦」，八字還沒一撇，就恨不得把後面的事情都計畫周詳，但這樣就永遠也邁不出行動的第一步。

季文子是魯國的大夫，做事情過分小心、仔細。一件事情，想了又想，想了再想叫「三思」。

孔子知道了他這種做事的態度，便讓他別想得太多，為人做事誠然要小心，但「三思而後行」，的確考慮過當了。做事情的時候，考慮一下，再考慮一下，就可以了。如果第三次再考慮，很可能猶豫不決，輕易就放棄了。

做人應該謹慎，但是謹慎與拘謹不同，過分拘謹便是小氣。「諸葛一生唯謹慎，呂端大事不糊塗。」這是一副名聯，也是很好的格言。

諸葛亮的謹慎個性，使他成為中國歷史上非常少有的能完身、完名的託孤權臣，避過了歷代無數帶兵重臣身敗名裂的結局，但從另一個方面來說，他恰恰又犯了「慎」的錯誤。由於國力不強，戰爭應該「謹慎」發動，要選準時機，平時多積蓄實力，以備待機而發。而諸葛亮恰恰反其道而行之，在發動戰爭上缺乏謹慎，雖然有些是不得已的防衛戰，但大多都是其主動興起的北伐，六出祁山無功而返，勞師動眾大減了國力，最後落得病死五丈原的結局。

諸葛亮一生唯「謹慎」，但「謹慎」仍有不到之處，在不該謹慎的戰術上裹足不前，延誤戰機，在應該謹慎的戰略上又有些急功近利，或許是為了不辜負先帝白帝城託孤的一片赤誠吧，名心情結，不易跳脫。

美國有個*84*歲的老太太昆絲汀．基頓，*1960*年曾轟動了美國。

這位高齡的老太太，竟然徒步走遍了整個美國。人們為她的成就感到自豪，也感到不可思議。

有位記者問她：「您是怎麼完成徒步走遍美國這個宏大目標的呢？」

老太太的回答是：「我的目標只是前面那個小鎮。」

成功總是由無到有、由小變大、由少到多，這中間需要一個想成功的人不斷地努力與爭取，這便是「圖難於易」的成功要訣。

謹慎中有大學問，行動前究竟要思考幾次，因人而異，因事而定，聖人告訴我們的只是一個行事的準則，不要讓思慮限制了行動，也不要讓衝動衝垮了理智。

人生是一個追求成功的過程，人們總是給自己設置許多障礙，卻忘記了難與易總是相對而言的。

天下之事，圖難於易，人們通常在開始時感到行事的艱難，在成事後便只享受著成功的喜悅，其實，初始時的堅定與成功後的淡定才是做事最應該持有的態度。

64 退也是一種進取策略

凡事皆有長有短、有勝有敗，何況是千變萬化的人生！成功通常屬於深諳進退之道的人，後退一步，成功的希望更大。

一位電腦博士學成後在美國找工作。他有個顯赫的博士頭銜，求職的標準當然不能低。結果，他連連碰壁，好多家公司都沒錄用他。想來想去，他決定收起所有的學位證明，以「最低身分」去求職。

不久，他就被一家公司錄用為程式輸入員。這對他來說簡直是高射炮打麻雀，但他仍然做得認認真真，一點也不馬虎。不久，老闆發現他能看出程式中的錯誤，不是一般的程式輸入員可比的。這時他才亮出學士證書，老闆給他換了個與大學畢業生相稱的崗位。

過了一段時間，老闆發現他時常提出一些獨到的有價值的建議，遠比一般大學生要強，這時他亮出了碩士證書，老闆隨後又提升了他。

再過了一段時間，老闆覺得他還是與別人不一樣，就對他「質詢」，此時他才拿出了博士證書。這時老闆對他的水準已有了全面的認識，毫不猶豫地重用了他。

這位博士最後的職位，也就是他最初理想的目標。然而直線進取失敗了，後退一步曲線再進，終於如願以償。

以退為進，由低到高，這既是做人的一種藝術，也是生存競爭的一種方略。一個人跳高時，如果離跳高架很近，想一下子就跳過去並不容易。後退幾步，再加大衝力，成功的希望就會非常大。人生的進退之道就是這樣。

這位博士的辦法是聰明的，他先放下身分和架子，甚至讓別人看低自己，然後尋找機會全面地展現自己的才華，讓別人一次又一次地對他刮目相看，他的形象慢慢變得高大。如果剛一開始就讓人覺得你多麼的了不起，對你寄予了種種厚望，但你隨後的表現讓人一次又一次的失望，結果就會被人越來越看不起。這種反差效應值得所有人注意。別人對你的期望值越高，就越容易看出你的平庸，發現你的錯誤；相反，如果別人本來並不對你抱有厚望，你的成績就會更容易被發現，甚至讓人吃驚。

俗話說：退一步路更寬。這裡所說的退是另一種方式的進。暫時退卻彎腰，養精蓄銳，以待時機，這樣的退後再進則會更快、更好、更有效、更有力，而彎腰則會增強之後的爆發力和衝勁，使人對你刮目相看。退是為了以後再進，暫時放棄某些有礙大局的目標是為了最後實現更大的成功。這退中本身已包含了進的意義了，這種退更是一種進取的策略。

65 經驗少也是優勢

我們生活在一個充滿經驗的世界裡，從小到大，我們看到的、聽到的、感受到的、親身經歷過的各種各樣的大小事件和現象，都成了我們人生的智慧和資本。

常常聽到有人說，「我吃的鹽比你吃的米多」、「我過的橋比你走的路多」，可見人們常以經驗豐富為豪。

在一般情況下，經驗幫助我們處理日常問題，只要具有某一方面的經驗，那麼在應付這一方面的問題時就能得心應手。特別是一些技術和管理方面的工作，非要有豐富的經驗不可。

老司機比新司機能更好地應付各種路況，老會計比新會計能更熟練地處理複雜的帳目。所以，很多時候，經驗成了我們行動所依靠的拐杖。但經驗不是放之四海而皆準的真理，經驗也給我們帶來了不少沉痛的教訓。

因為經驗是相對穩定保守的東西，是屬於過去式的「歷史」，而現實卻是一直在不斷變化發展的，所以經驗並不一定能解決當前的問題。

在酒吧間，甲、乙兩人站在櫃檯前打賭，甲對乙說：「我和你賭*100*元錢，我能夠咬我自己左邊的眼睛。」乙同意跟他打賭。於是，甲就把左眼中的玻璃眼珠拿了出來，放到嘴裡咬給乙看，乙只得認輸。

「別洩氣，」提出打賭的甲說，「我給你個機會，我們再賭100元錢，我還能用我的牙齒咬我的右眼。」

「他的右眼肯定是真的。」乙仔細觀察了甲的右眼後，又將錢放到了櫃檯上。

結果，乙又輸了。原來甲從嘴裡將假牙拿了出來，咬到了自己的右眼！

乙為什麼連輸兩次呢？因為第一次的失敗告訴他：甲的左眼是假的，所以能拿下來用嘴咬。記取了第一次的經驗教訓後，他確定甲的右眼絕對不是假眼，因而不可能被牙咬到。他萬萬沒想到，甲的右眼雖然不是假眼，卻有一口假牙。乙輸就輸在經驗造成的思維定式中，所以，經驗也會「一葉障目」。

經驗本身沒有錯，它是一筆寶貴財富，對我們來說有很大的指導意義。但我們要在合適的時機用好經驗，因為一旦經驗形成思維定式，就會變成一種枷鎖，妨礙我們打開新思路，尋找新方法，時間長了，就會削弱我們的創新力。

經驗告訴我們的只是過去成功或失敗的過程，而不是未來如何成功的方法。千萬不要以為在人生這個廣袤的大海裡，只能抱著那些曾經的經驗，在祖輩開闢的領海中遊弋。

日常生活中，太多習以為常、耳熟能詳、理所當然的事物充斥在我們的身邊，逐漸使我們失去了對事物的熱情和新鮮感，經驗成了我們判斷事物的「金科玉律」。隨著知識的累積、經驗的豐富，這些「金科玉律」使我們越來越循規蹈矩，越來越老成持重，致使我們的創意被抹殺，無法獲得突破性進展，無法成為一個富於開拓進取精神的人。

其實，每個人都會受「金科玉律」的限制，若能及時從中走出來，實在是一種可貴的醒悟。與生俱來的獨一無二的創造態度，勇於進取，絕不自損、自貶，在學習、生活中勇於獨立思考，在職業生活中精於自主創新，正是能夠從自我囚禁的「柵欄」裡走出來的鮮明標誌。

另外，要從自囚的「柵欄」裡走出來，就要還給思維狀態自由，突破經驗法則。在此基礎上，對日常生活保持開放的、積極的心態，對創新世界的人與事持平視的、平等的姿態，對創造活動持成敗皆為收穫、過程才最重要的精神狀態，這樣，我們將有望形成十分有利於開創人生的心理品質，並使得有可能產生的形形色色的內在消極因素及時地得以克服。

擺脫經驗法則就要拓展思路，海闊天空，束縛越少越好。尤其在今天這個資訊爆炸、瞬息萬變的時代裡，過去的經驗往往就是未來失敗的最大原因。從某種意義上來看，經驗是一種指導我們「只能怎樣怎樣」、「絕不應怎樣怎樣」的行動手冊，對很多人來說，經驗就成了無法跳出的框框。

成長路上，我們拓展思路，海闊天空，束縛越少越好。正是因為如此，年輕人的「經驗少」並不是一種缺點，有時反而是一種優勢，是「敢闖敢做」的代名詞。所以，我們不要篤信「經驗之談」，要有初生之犢不怕虎的勇氣和精神，善用「敢做敢闖」的精神，牛犢也能闖出一片新天地。

66 常理並非真理

生活中，沒有十全十美的人生經驗。經驗、常理並非就是真理的代名詞。

有一篇有趣的文章：

長江中有三種魚：鰣魚、刀魚和河豚，鰣魚的形狀像鯉魚，身子比鯉魚扁一些；刀魚的形狀像一把匕首；河豚有著滾圓的身子，身上長的不是魚鱗，而是帶小刺的皮。儘管這三種魚形狀各一，但當地的漁民捉牠們時卻用的是同一張網。

漁民們把漁網像排球網一樣攔在江中，鰣魚頭小身子大，頭鑽過去後身子就過不去了，這時候，鰣魚只要往後一退，牠就逃脫了，但是牠沒有，仍然往前掙扎，就被漁民捉住了；刀魚在穿過網時就迅速地後退，由於牠的身子像一把匕首，兩邊的魚鰭卡在了網上，其實，牠只要繼續向前就能穿網而過，但牠不顧自身的情況，錯誤地接受了鯽魚的教訓，也被漁民捉住了。

而河豚呢，在碰到網後，既不學鯽魚，也不學刀魚，牠採取的是既不前進又不後退，牠給自己拚命地打氣，把自己打得圓鼓鼓的，結果漂到江面上，還是被漁民捉住了。

如同這三種魚一樣，許多人常常被自己的習慣和自以為是害得苦不堪言：能看到別人的缺點，卻永遠找不到自己的弱點；常常因為看到別人出了問題想避免重蹈覆轍，結果卻陷入了另外一個更致命的錯誤之中。

清代學者紀曉嵐在《閱微草堂筆記》中講過這樣一個故事：

在滄州南面，有一座寺廟靠近河邊。某年發大水，廟門倒塌到河裡，門旁兩隻石獸也一起沉到河裡。

十多年後，和尚們募集到了一筆錢，決定重修廟門，便到河中尋找那兩隻石獸，居然沒找到。他們認為石獸是順著河的方向被沖到下游去了，便划著小船，拖著鐵耙，尋找了十多里，一點蹤跡也沒有。

有個學究在廟裡開館執教，聽到這件事便嘲笑說：「你們這些人不能推究事物的道理。

這不是木片，怎麼能被洪水帶走呢？石頭的特性是堅硬而沉重，泥沙的特性鬆散而輕浮，石獸埋沒在泥沙上，就會越沉越深。順著河流往下游去尋找它，不是荒唐嗎？」

眾人十分信服，認為是正確的論斷。

一個老水手聽了學究的話後，又嘲笑說：「凡是河中失落的石頭，都應該到河的上游去尋找。正因為石頭的特性堅硬而沉重，泥沙的特性鬆散而輕浮，所以水流不能沖走石頭，它的反沖的力量，一定會在石頭迎水的地方衝擊石前的沙子形成坑穴。越沖越深，沖到石頭半身空著時，石頭一定會倒在陷坑中。像這樣再衝擊，石頭又向前再轉動。這樣一再翻轉不停，於是石頭會反方向逆流而上了。到下游去尋找它，固然荒唐；在石獸掉下去的當地尋找，不是更荒唐嗎？」

人們按照老水手的說法去找，果然在幾里外的上游地方尋到了石獸。

作者感慨地說，既然這樣，那麼天下的事情，只知其一、不知其二的還多著呢，難道可以根據自己所知道的道理就主觀判斷嗎？

常理並非真理，常理也有不常的時候。只有敢於適時衝破我們的思維常理，那些看似不利的事情才可能有所轉機。

不迷信老經驗，不盲從書本、常理，我們才能發掘到真正的幸福、真理。

67 有時候不妨相信你的直覺

在這個強調理性思考的年代，很多人不敢相信自己的直覺，甚至羞於承認自己有時候會「順著感覺」做決定。美國耶魯大學心理學教授羅伯特．斯登伯格就明白指出：「邏輯思考和自我否定是扼殺直覺的頭號殺手。」理性的邏輯訓練讓我們瞻前顧後，我們通常是懷疑直覺，而不是去擁抱它。

假如我們能夠瞭解，直覺是人類另一個認知系統，是和邏輯推理並行的一種能力，或許我們比較能夠接受直覺的存在。讓直覺進入我們的生活，與思考的能力並行，就像打開車子前面的兩個大燈，同時照亮我們左右兩邊的視野。

以下幾個方法，可以幫助我們提高直覺決策的能力：

1．放鬆獨處

散步、獨自開車、躺在床上休息或淋浴泡澡，都是體察內心深處的感受，找回直覺的最好時刻。畫家達文西在創作《最後的晚餐》時，會連日工作，也會一聲不響就停下來休息。達文西善於讓工作和休息輪番上陣，醞釀出美好的藝術作品。誠如《達文西的7種天才》一書中所說的，「找出你的醞釀節奏，並學著信賴它們，此是通往直覺和創造力的簡單秘訣。」很多人都有類似的經驗，「把一個問題帶上床」，醒來時就得到解答。只有在放鬆、放慢腳步的時候，才有機會聽到內在的聲音，找到決策時所需要的「直覺」。

2．保持心思意念的單純

當我們心裡充滿雜念或憂慮的時候，我們不但聽不到心裡的聲音，也沒辦法接收外在的訊息。從事攝影工作的莉莉安是個直覺很強的人，她認為每個人都有這種能力，她為了創作刻意保持的專心，讓她有很強的直覺。

3．學著使用直覺判斷事情，並注意如何能成功地運用直覺

可以從小事開始練習，只給自己幾秒鐘的時間決定事情，例如點什麼菜？穿什麼衣服？或看哪一部電影？也可以用心裡第一個反應去預測事情，當電話響的時候，猜猜看是誰打來的？這些練習可以鍛鍊直覺，幫助你用直覺來決定事情，而不是用理性的思考來尋找答案。

4．記錄自己的直覺或靈感

寫下突如其來的想法，或者記下有關直覺的具體觀察。長期記錄它們，有助於辨認直覺與錯覺。直覺開發專家蘿珊娜芙提出一個「三定律」來教人辨認直覺：「當一個想法出現的時候，讓它走。當它再出現的時候，再讓它走。假如它第三次再回來，就可以放心地聽從這個感覺。」透過簡短的筆記或長期的日記，可以幫助自己瞭解曾經有過什麼樣的感動或靈感，長期的紀錄甚至可以連成一個具體的結果。達文西就是個勤於做筆記的人，他隨時寫下他所看到的、想到的東西，許多創作就是從這些筆記中一點一滴出來的。

5．注意發揮自己的直覺

在每次決策之前，都要明瞭自己的真實感受，明瞭自己的直覺指向。面對決策問題，面對備選方案，要驗證自己的直覺。當自己的直覺和多數人的意見吻合，再做出決策，其成功的機率就比較大了。

6．注意驗證自己的直覺

當你面對一個新情況時所產生的第一印象，往往是你的準確直覺。因此要處處注意你的第一印象。隨著決策的深入，各種意見和方案可能會紛至沓來，面對眾多可供選擇的方案，一定要將自己當初的直覺作為重要的備選方案，給予足夠的重視。而隨著方案的實施，要驗證自己當初直覺的準確性，不斷提高自身直覺決策的成功率。

7．注意將直覺決策和科學決策結合起來

直覺決策並非完全依賴個人靈感這種「非科學」的資訊，而包含著決策人自身的經驗、知識和分析能力等「科學」的資訊。面對複雜問題，直覺決策應該和科學決策結合起來，以

「靈光一閃」的直覺為啟發，依靠科學規範的決策程序，最終做出滿意的決策。

有人直覺靈敏準確，直覺決策成功率很高，而有的人反應遲鈍，直覺決策屢屢失敗。如同樣是股票投資人，有的人憑直覺，屢屢得手，多有斬獲，而有的人屢敗屢戰，損失慘重。這裡面當然有運氣的成分，但直覺決策能力的高低恐怕也是重要因素。產生直覺的能力並不完全是天賦的，它可以藉由後天的努力和鍛鍊逐漸得到增強。直覺決策的次數越多，決策者的經驗越豐富，直覺決策的效果越好。

68 增加自己的「時尚細胞」

如果你還認為成功者都是循規蹈矩、只會努力工作而不懂得享受時尚生活的人，你就大錯特錯了。新時代的成功者，大多自信而勇敢，他們敢於選擇自己想要的生活，有新型的價值觀念、道德觀念和處世方式。他們以新的社會時尚自居，並稱呼自己為「時尚達人」。具體來說，這些人一般具有以下共同特徵：

1. 經濟獨立

新世紀的時尚達人普遍會有自己的事業，即使生活富足，也絕不會放棄自己的工作。他們自尊自立，認為不工作卻能過得充實的生活主張是荒唐的，他們經濟獨立，擁有一份待遇不菲的工作。

2.愛自己，才能愛別人

時尚達人會時時傾聽自己的內心，誠實地面對自己真實的感受和欲念，選擇自己想要的，從不曲意承歡，不委曲求全，不刻意討好別人而壓抑自己。

3.享有生育決定權

越來越多的時尚達人會認為家庭不意味著自我犧牲，在面對事業和家庭的雙重壓力時，他們會採取遊刃有餘的方式，選擇適當的時機行使自己的生育權。只有當自己的生理、心理、物質等各方面都做好了充分的準備，他們才會孕育一個新的生命。

4.晚婚或獨身

結婚不再是時尚達人生活中的首選和必須。生活方式的豐富多彩，為人們提供了更廣闊的選擇空間，婚姻的概念日漸淡漠，一些人認可同居或試婚的方式，認為這是對將來婚姻生活謹慎思考的選擇。還有一些人乾脆選擇獨身，追求更大的自由和事業的發展空間。

5.不斷充電

時尚達人認為只有一個知識與智慧、美貌與才情兼備的人才會永保魅力，也才能事業輝煌。他們關注時事、接近人文，擁有熱切求知的好習慣，書籍、電影、資訊光碟、網路是他們最好的朋友。

6.工作即娛樂

傳統鐵飯碗的職業觀徹底改變，時尚達人不懼怕放棄穩定的職業，頻繁跳槽成為一種流行的生活方式。他們選擇自己喜歡的職業，願意將生活的樂趣融合進繁忙的工作中，並為之努力。

7.角色多變

現代社會的快速發展造就了時尚達人作為社會角色的多變性。他們有時柔情似水，有時狂放不羈，有時是甜蜜的情人，有時是辦公室裡板著面孔的主管。很難用「好」和「壞」這樣絕對的字眼來形容他們，因為他們就像一個矛盾的統一體，光怪陸離卻又和諧完美。

8.交遊廣闊

時尚達人時刻注意擴大自己的社交圈，藝術展覽、科技研究、商貿交流、國際環保，只要對自己有益的活動，他們都不會拒絕參加。在這些活動中，可以認識各個行業、各個領域的朋友。從這些朋友身上，他們可以開闊眼界、學習新的知識、參與更多的社交活動，也為自己創造更多打開世界的機會。

9. 獨自旅行

更多的時尚達人會選擇獨自旅行的方式來度過自己的閒暇時光。他們認為單獨旅行不僅可以學習新知，更是一種自我探索，獨自面對陌生的外界環境，能夠培養自律，訓練自信，感覺生命的美好與完整。

10. 健身

時尚達人關愛自己身體的每一部分，會將更多的時間和金錢花在有益於健康的活動上。跑步、游泳、健身、爬山，只要是對身體有好處的運動，他們都樂此不疲。健身操等與音樂相關的運動也會繼續風行，他們認為體育與音樂對培養自己的氣質起著重要的作用。

怎麼樣，不如給自己增加一些「時尚細胞」，讓你的成功更加絢麗多彩吧！

第六章

30歲後用饑餓感處事

69 時刻準備著獲取新的資訊

現代社會是一個資訊時代，誰佔有了資訊，就等於誰找到了成功的方法。因此，高效的搜集和消化資訊就成了一個優秀的人必不可少的能力。在這樣一個時代，當感到自己在工作中缺乏資訊時，優秀的人就會主動地去搜集資訊。而此時平庸的人會抱怨「公司的資訊沒能很好地流通，我得不到應有的資訊支援」。因為平庸的人不去主動搜集資訊而是坐在那裡被動地等待別人來提供資訊給自己。

日本「經營之神」松下幸之助年輕時曾經在一家電器商店當學徒。同時在這家店裡幫工的還有另外兩個學徒，他們都是同時進入這家商店的。開始時，三人薪水很低，另兩個學徒時常發牢騷和抱怨，對工作日漸馬虎起來。

松下以前從來沒有做過電器方面的事情，這次到這家電器商店工作，面對那麼多的電子產品，他明白了自己知之甚少。他每天都比別人晚下班，用這些時間閱讀各種電子產品的說明書；其他兩個同事外出休閒的時候，他參加了電器修理培訓班。他花了大量的時間學習電器知識，因為他決心用學習讓自己成為這方面的行家。此時，他的兩個同事卻因為這些而嘲笑他，但這一切都無法阻止他繼續學習。

終於，透過不斷努力，松下從一個對電器一竅不通的學徒，變成了一個能夠給顧客清楚明瞭地講解電器知識的專家，並且還可以自己動手修理與設計電器。這一切努力都沒有白費，店主將這一切都看在眼裡，對松下的這種學習精神非常賞識，不久便將他由普通學員升為正式員工，並且將店裡的很多事情都交給他處理。

這為松下以後的創業打下了堅實的基礎。與之相反，他的兩個同事最後因為一直沒有能力上的進步，被解雇了。

相比另外兩個同事牢騷抱怨，好高騖遠，日後被開除，松下靜下來研究電工知識，一步一個腳印、踏踏實實地在工作中隨時獲取新的資訊，為他贏得了職位的提升，也為他以後的職業發展之路夯實了基礎。

在資訊社會，每一個人都在扮演著兩個基本角色，即資訊傳遞者和資訊接受者。資訊就像人們講「吃過了嗎？」「吃過了」之類的寒暄話一樣自然而平常。但在這「自然而平常」之中，卻有著許許多多的道理和學問，關鍵就是看你能否捕捉和善用資訊。優秀的人要像盛田昭夫那樣，時刻保持對資訊的敏感，養成高效搜集消化資訊的好習慣，只有這樣才能時刻領先別人一步獲得成功。

那麼，我們應當從哪些方面著手培養這些好習慣呢？

1．主動去關心資訊

主動去「關心」資訊是搜集資訊的好方法。例如，當看到街頭上圍了一大群人，你要走上前擠進去，才能看得見那裡發生了什麼事。當然，我們還要培養自己判斷有價值資訊的能力，這樣，才能在浩如煙海的資訊世界裡抓住對自己有用的資訊。

2．建立個人資訊網路

建立個人資訊網路，可以使你想要哪一類資訊時，就能找到提供這類資訊的人。怎樣來建立你的資訊網呢？可以先以你的朋友、校友、同事、上各類培訓班時認識的學員、業界認識的朋友為基礎，逐漸擴大你的資訊網路。若善加利用，這個網將是你一生中最為寶貴的財富之一。

3．要善於「套」情報

就對資訊的保密程度來看，人不外乎兩類：緘默型和主動傳播型。對於前者，你要想從他那裡「套」出話來。不能開門見山，而要旁敲側擊。對後者，不用你去問，他會主動告訴你。你只要很有興趣地聽他講完，絕不能敷衍。

4.不要隨便傳播所得情報

別人告訴你內部參考、內幕消息和獨家機密，是對你的信任，而且他們不希望你向外傳揚。如果告知你消息的人，知道你洩露了消息就不會再告訴你什麼了。

5．你也要適當透露情報給別人

光從別人那裡得到資訊情報，你不向別人透露一些他想要的資訊，這樣的關係是不能長久的。你必須提供令對方滿意的情報，別人才會給你需要的資訊。

70 30幾歲要保持空杯心態

古時候一個佛學造詣很深的人，聽說某座寺廟裡有位德高望重的老禪師，便去拜訪。進門後，他跟大師的徒弟說話的態度十分傲慢。老禪師卻十分恭敬地接待了他，並為他沏茶。可是在倒水時，明明杯子已經滿了，老禪師還不停地倒。

他不解地問：「大師，為什麼杯子已經滿了，還要往裡倒？」

大師自語：「是啊，既然已滿了，我幹嘛還倒呢？」

禪師的本意是，既然你已經很有學問了，幹嘛還要到我這裡求教？

生活中，很多人很想不斷充實自己，但由於沒有保持好的心態，最終卻一事無成。做事的前提是先要有好心態。如果想學到更多學問，先要把自己想像成「一個空著的杯子」，而不是驕傲自滿。三十多歲的人應該讓自己具備一種空杯的心態。不管自己的才能，自己所掌握的知識有多高多好，都必須把自己的心態放空，讓自己回歸到零，如此才能保持適度的職業恐懼感，才能使自己隨時處於一種學習的狀態，將每一次都視為一個新的開始、一次新的體驗。

喬雅是一個跨國大企業的財務總監，當他感到自己的工作狀態到了飽和狀態的時候，他向公司請了一個月的假，然後告訴自己的家人，不要問他去什麼地方，他每個星期都會打個電話回家，報個平安。

喬雅隻身一人，去了美國南部的農村，嘗試著過另一種全新的生活。他到農場去打工，去飯店洗盤子。在田地做工時，背著老闆躲在角落裡抽菸，或和工友偷懶聊天，都讓他有一種前所未有的愉悅。

一個月後，當喬雅重新回到公司，回到自己熟悉的工作環境後，卻覺得以往再熟悉不過的東西都變得新鮮有趣起來，工作成為一種全新的享受。

這一個月的經歷，就像一個淘氣的孩子愛惡作劇一樣，新鮮而刺激。更重要的是，它使喬雅回到一種原始狀態後，就如同兒童眼裡的世界，一切都充滿樂趣，也不自覺地清理了原來心中累積多年的「垃圾」。

從某種意義上說，當一個人的發展遭遇某種瓶頸時，可以以「空杯」的方式放棄從前，關上身後的那扇門，他會發現另一片美麗的後花園，找到另一番工作的熱情和生活的樂趣。

人在職場，職業倦怠、熱情喪失，似乎是永遠也繞不開的話題。每過一段時間，每到一定階段，當感到一種難以擺脫的壓抑和煩躁後，可以向那位財務總監學習，適當地將現狀空杯，換個方式前進，或許是種不錯的選擇。

空杯的心態就是歸零、謙虛的心態，就是重新開始。有這樣一種現象：人們第一次成功相對比較容易，第二次卻不容易了，這是為什麼？

一位著名的集團老總曾經說過這樣意味深長的話：「往往一個企業的失敗，是因為它曾經的成功，過去成功的理由是今天失敗的原因。任何事物發展的客觀規律都是波浪式前進，螺旋式上升，週期性變化。中國有一句古話，叫風水輪流轉，經濟學講資產重組。」生活就是不斷地重新再來。不空杯就不能進入新的資產重組，就不會持續發展。

在此之前，你可能有過很高的地位，可能擁有很多的財富，具有淵博的知識，但是當你想要達到更大成功的時候，你一定要有一個空杯的心態。只有心態空杯你才能快速成長，才能學到更多的成功方法。

如果你要喝一杯咖啡，就必須把杯子裡的茶先倒掉，否則把咖啡加進去之後，就茶也不是，咖啡也不是，成了四不像。毛澤東說：學習的敵人是自己的滿足，要認真學一點東西，必須從不自滿開始。

一切從頭再來，就像大海一樣把自己放在最低點，來吸納百川。虛心使人進步，驕傲使人落後。有句話說：謙虛是人類最大的成就。謙虛讓你得到尊重，越飽滿的麥穗越彎腰。

由此可見，保持一種空杯心態對於一個人長期的發展是多麼的重要。

成功僅代表過去，如果一個人沉迷於以往成功的回憶，那他就再也不會進步。對於有遠大志向的追求者來說，成功永遠在下一次。保持「空杯」心態，才能不斷發展創造新的輝煌。人們問球王貝利哪一個進球是最精彩、最漂亮的，他的回答永遠是「下一個」！冰心說：冠冕，是暫時的光輝，是永久的束縛。一個人只有擺脫了歷史的束縛，才能不斷地向前邁進。

空杯心態，其實就是一種虛懷若谷的精神，有了這種精神，人才能夠不斷進步，不斷走向新的成功。

71 不滿現狀的人才有進步空間

30幾歲的年輕人，許多人對自己現狀的生活比較滿意，因此就放棄了向更高目標追逐的渴望。有多少受到上天眷顧的人，因為沉溺在「滿足」裡而忘記了努力，進而成了上天的「棄兒」，失去了獲得更多成功的機會。

「在人生的道路上，所有的人並不站在同一個場所——有的在山前，有的在海邊，有的在平原，但是沒有一個人能夠站著不動，所有的人都得朝前走。」這是泰戈爾的名言。我們每個人都有自己的位置，也許低也許高，並不是所有的人都能有機會站在人生的最高頂點，但是「所有的人都得朝前走」，即不論是誰都要努力進取。我們不一定要創造豐功偉績，但不論現在的成績如何，我們都要不斷超越現在，不斷進取才有成功的機會，而安於現狀被安逸生活吞噬進取心的人，則永遠沒有體驗人生風景的機會。

有一天，沼澤向在自己身邊奔流而過的河流問道：

「你整天川流不息，一定累得要命吧？你一會兒背著沉重的大船，一會兒負著長長的水筏，在我眼前奔流而過。小船小舟更不用說了，它們多得沒有個窮盡。你什麼時候才能拋棄這種無聊的生活呢？像我這樣安安逸逸的生活，你找得到嗎？我是一個幸福的閒人，舒舒服服、悠悠閒閒地蕩漾在柔和的泥岸之間，好比高貴的太太們窩在沙發的靠枕裡一樣。大船小船也罷，漂來的木頭也罷，我這兒可沒有這些無謂的紛擾，甚至小船有多重我都不知道，至多偶爾有幾片落葉漂浮在我的胸膛上，那是微風把它們送來和我一起休息的。一切風暴有樹林擋住，一切煩惱我也沾染不上，我的命運是再好不過的了。周圍的塵世不斷地忙忙碌碌，我卻躺在哲學的夢裡養神休息。」

「哲學家，你既然懂得道理，但別忘了這條法則，」河流回答，「水只有流動才能保持新鮮，我成了偉大壯闊的河流就是因為我不躺在那兒做夢，而是按照這個法則川流不息。結果呢，我的源源不絕的水，又多又清的水，年復一年地給人們帶來了幸福，因而贏得了光榮的名譽，或許我還要世世代代地川流不息下去。那時候，你的名字就不會有人知道了。」

多年以後，河流的話果然應驗了，壯麗的河仍舊川流不息，沼澤卻一年淺似一年。沼澤的表面浮著一層黏液，蘆葦生出來了，而且生長得很快，沼澤最終乾涸了。

這個故事告訴我們，一成不變能換取一時的安逸，卻得不到絲毫成長，只會慢慢退步，甚至慢慢衰亡。

而那些渴望成功的人是有野心的，他們不會滿足於自己所取得的一點點小成就。他們知道成功不僅僅是抓住機會，而是抓住更多的機會；不是獲得一點滿足，而是獲得更多的滿足；不是得到一些人的認可，而是得到更多人的認可。一次成功了，堅信下一次也能成功，要以一個階段的成功更好地推動下一個階段的成功，這樣才能持續進步。

有一個叫達西的年輕人，他的父親在墨西哥有一座金銀小礦山。達西原本很勤奮地工作，使礦山的營運良好。但是當大量的錢財滾滾而來的時候，他竟然停止了工作，蓋了一間非常奢侈豪華、帶著游泳池的豪宅，裡面的傢俱都是從巴黎空運來的，豪宅內的裝修設計也是花高價找著名的設計師設計的，室內擺滿了各式各樣稀奇珍貴的古董。

從此以後，達西沉溺在無止境的奢華生活中，再也不過問礦山的生產。最終，他就在那房子裡了結了餘生，再也沒有做出大的成就。

有不少*30*幾歲的年輕人就像例子裡的達西，取得了一點小小的成就就滿足了，忘記了繼續努力奮鬥。

72 定期自我更新

自我更新就是要認識到自己的不足或者說是為了適應某種環境，改善自己的一種方式。或者是在自己的長處上的一個更高層次的進化。任何事物都是在不斷的自我完善、自我更新的情況下才能更好地適應社會的發展。

身為華人首富的李嘉誠，一直是企業家學習的榜樣，而李嘉誠本人本就是一位愛學習，善於更新自我的優秀企業家。李嘉誠年輕時基本沒受過正式教育，尤其是英語，連*26*個英文字母都沒學全，可是他深知在香港做生意，不學好英語，永遠沒有出息。經過極為刻苦的學習，他的英語水準甚至比普通的大學生還要高。*50*年代他做塑膠花生意時，訂閱了好幾種全世界最新的塑膠雜誌，以便能夠掌握最新形勢。在外國雜誌中，他留意到一部製造塑膠花的機器，但從外國訂製太貴了，於是他憑著自學的英文研製了這部機器，這成為他早年非常得意的事情之一。他又靠著自己當時還很不流利的英文，和外國人做生意，打開了國際市場。短短幾年的時間，他就成了享譽東南亞的「塑膠大王」了。

此後，他不斷挑戰自我，永不放棄學習，在每個時代，都能成為引領風潮的傑出人物。

60年代，地產低潮，李嘉誠大舉入市，從塑膠大王變為地產大王。70年代，他的公司上市，成為資本市場縱橫捭闔的王者。在新經濟時代，他又一舉進入電信和網路行業。1999年，他以140億美元的價格賣掉英國Orange電信公司，然後大舉進入歐洲的3G業務。他旗下的Tom公司，以網路為核心，整合傳媒產業，建立龐大的傳媒帝國。

他以70歲的高齡，仍然堅持學習，當別人向他請教如何決策時，他說：「你自己應該知識面廣，同時一定要虛心，多聽專家的意見。自己作為一家公司的最後決策者，一定要對行業有相當深的瞭解，不然的話，你的判斷力一定會出錯。」

從一個街頭推銷員到今天舉足輕重的商業領袖，李嘉誠自我更新的精神值得我們每個人效法。

要做到自我更新，就要及時拋開不合時宜的舊經驗、舊想法。三十多歲的人因為其人生經驗較豐富，因此有時難免受限於舊有的經驗體系中，但有時這些經驗並不適合日新月異的社會發展，此時就要丟棄這些舊包袱，否則難免吃虧。

拿破崙一生中令人嘆服的一大戰績，就是成功地跨越了高峻的阿爾卑斯山，以出奇制勝的方式把奧地利軍隊打得落花流水，頃刻間土崩瓦解。

當時人們都認為，阿爾卑斯山是「天險」，沒有一支軍隊可以翻越。但拿破崙心中早擬好了翻越的具體方案，據此對士兵加以訓練，因此他率領軍隊成功地越過了天險。當位於阿爾卑斯山另一邊的奧地利軍隊，發現數萬法軍正逼近首都時，都以為這支軍隊是「天降神兵」！當奧軍準備調兵迎戰時，卻為時已晚。

拿破崙善於出奇制勝，贏得了無數次的大小勝利。而導致他最終垮臺的原因，卻正是因為他曾經贏得了太多的戰爭。贏的次數多了，人就會自滿，並且會用以前的經驗來應付新的戰爭。可是事實證明，經驗並不足以應付紛繁複雜的新情況，將經驗套用在新形勢上，無異於縛住了自己的手腳，等於作繭自縛，自毀前程。

社會在不停發展與進步，30幾歲的人大多都取得了一定的成就，若是不想被新時代淘汰，就一定要定期學習新知識，進行自我更新。人只有在不斷自我更新的狀態下才能夠永保生命的活力。既然生命不息，那就應該不斷進取，超越自我。奔騰不息的流水才能夠永保生命的新鮮與活力。

73 不斷學習是長遠發展的不二法門

有人說，學習力是最可貴的生命力。當代社會科技發展日新月異，知識總量的倍增週期愈來愈短，從過去的100年、50年、20年縮短到5年、3年。

科學家預言：人類現有知識到21世紀末只佔彼時知識總量的5%，其餘95%現在還未被創造出來。這表明，「一次性學習時代」已告終結，我們要活到老學到老，才能跟上時代的腳步。

另外，大腦非常發達，個體的腦細胞總量已超過150億，而一個人窮其一生只能用其百分之幾。人腦的巨大容量為個體可能吸收、消化、儲存數以億計的資訊、知識量開闢了廣闊的前景。關鍵是要提高自己的學習能力，並貫徹終生，真正做到「生命不息，學習不止」，永保可貴的生命活力。

面對資訊爆炸的時代堅持不懈地學習，學習更成為現代人生存和發展的必然方式和最佳方式。只有學習才能讓我們掌握生存的技能，才能讓我們體會人生的意義。

《荀子·勸學》開篇明義：「學不可以已。」我們賴以生存的知識、技能和車子、房子一樣，會隨著歲月的流逝不斷折舊，因此我們必須不斷提升自己的價值，增加自己的競爭優勢，學習新知識，並在工作當中學到新的技能，否則將無法保持現有的優勢，更別提發展。

「活到老，學到老」不是一句夸夸其談的話，它是一種智慧。不斷學習的人才會保持自己頭腦的靈活，才能保證自己的思想向前不斷地跨越。因此，年輕人要養成不斷學習的習慣，保持這種習慣會幫助你走向菁英人群的行列。系山英太郎的經歷為我們做了很好的榜樣。

系山英太郎，一位在日本政商界呼風喚雨的顯赫人物，30歲即擁有了幾十億美元的資產；32歲成為日本歷史上最年輕的參議員。2004年《富比士》雜誌全球富豪排行榜上顯示，系山英太郎個人淨資產49億美元，排行第86位。他的賺錢秘訣何在？

系山英太郎回答道：「善於學習是制勝的法寶。」

系山英太郎一直信奉「終身學習」的信念，碰到不懂的事情總是拚命去尋求解答。透過推銷外國汽車，他領悟到銷售的技巧；藉由研究金融知識，他懂得如何利用銀行和股市讓大量的金錢流入自己的荷包……即使後來年齡漸長，系山英太郎仍不甘心被時代淘汰。他開始學習電腦，不久就成立了自己的網路公司，發表他個人對時事問題的看法。即使已近老邁之年，系山英太郎依然勇於挑戰新的事物，熱心瞭解未知的領域。

正是憑藉終身學習，系山英太郎讓自己始終站在時代的潮頭之上。

74 進取心是不竭的動力

林語堂先生曾經說過：「若非一鳴驚天下的英才，都得靠窗前燈下數十年的玩摩思索，然後可以著述。」每個人並非天生就是奇才，一個人所知道的東西比起整個宇宙來，實在是少得可憐，這一切只有透過學習來彌補。巨變時代資訊瞬息萬變，盛衰可能只在朝夕。只有不斷學習、善於學習的人，不斷獲得新資訊、新機遇，才能夠在第一時間獲得創意的養分，才能夠把自己的靈魂培育得與眾不同。

讀一本好書，你會明白許久以來未能想通的道理；和同事的一次探討，你會發現很多你沒想到的地方；與對手的一次較量，你會更清楚地認識到自己的不足之處；看一則報導，你會捕捉到當今社會的最新動態；一次外出旅行，你會發現自己以前就像一隻井底之蛙……只要你願意，你可以隨時隨地讓自己學習。學習永遠是現在進行式，它永不停歇也永無止境。

所以，如果你想事業有成，如果你想使自己的人生富有意義，那麼就從現在開始，將終身學習作為你一生的護照吧！

一塊有磁性的金屬，可以吸起比它重一倍的重物，但是如果你除去這塊金屬的磁性，它甚至連輕如羽毛的東西都吸不起來。同樣的，人也有兩類：一類是有磁性的人，他們充滿了信心和信仰，他知道自己天生就是個勝利者、成功者。另外一類人，是沒有磁性的人，他們充滿了畏懼和懷疑。機會來時，他們卻說：「我可能會失敗；我可能會失去我的錢；人們會恥笑我。」這一類人在生活中不可能會有成就，因為他們害怕前進，他們就只能停留在原地。

沒有被磁化以前的航海羅盤，其指標指的方向各不相同。但是，一旦被磁化，它們就完全不同了，彷彿受了一種神秘力量的支配，成為了一種新的東西。沒有被磁化前，地球的磁極對它們沒有任何影響，它們也不可能指向北極。然而，一旦被磁化，指標立刻就會轉向北極，並且一直會指向那裡。

許多人就像沒有被磁化的指標一樣，習慣於在原地不動而沒有方向，他們在被稱之為神秘力量的進取心激發之前，對任何刺激都毫無反應。

那麼，推動人們向著既定目標努力的巨大推動力從何而來呢？進取心又源於哪裡？它是怎樣進入我們生命的呢？什麼是人的進取心？進取心是怎麼來的，它有多重要？事實上，如果能解釋進取心的本質，那麼我們也就能解釋宇宙的奧秘了。激勵我們前進的，是我們生命中一種最有趣而又最神秘的力量。它存在於我們每個人的生命中，就像我們自我保護的本能一樣。

一位雕塑家有一個*12*歲的兒子。兒子要爸爸給他做幾件玩具，雕塑家只是慈祥地笑笑，說：「你自己不能動手試試嗎？」

為了製作自己的玩具，孩子開始注意父親的工作，常常站在工作台邊觀看父親運用各種工具，然後模仿著運用於玩具製作。父親也從來不向他講解什麼，放任自流。

一年後，孩子好像初步掌握了一些製作方法，玩具造得頗像個樣子。父親偶爾會指點一二，但孩子脾氣倔，從來不將父親的話當回事，我行我素，自得其樂，父親也不生氣。

又一年，孩子的技藝顯著提高，可以隨心所欲地擺弄出各種人和動物形狀。孩子常常將自己的「傑作」展示給別人看，引來諸多誇讚。但，雕塑家父親總是淡淡地笑，並不在乎似的。

有一天，孩子發現存放在工作室的玩具全部不翼而飛，他十分驚疑！

父親平靜的回答說：「昨夜可能有小偷來過。」孩子沒辦法，只得重新製作。半年後，工作室再次被盜！又半年，工作室又失竊了。

孩子心裡有些懷疑是父親在搗鬼：為什麼從不見父親為失竊而吃驚、防範呢？

偶然一天夜晚，兒子夜裡沒睡著，見工作室燈亮著，便溜到窗邊窺視：父親背著手，在雕塑作品前踱步、觀看。好一會兒，父親彷彿做出某種決定，一轉身，拾起斧子，將自己大部分作品打得稀巴爛！接著，將這些碎土塊堆到一起，放上水重新混合成泥巴。孩子疑惑地站在窗外。這時，他又看見父親走到他的那批小玩具前。只見父親拿起每件玩具端詳片刻，然後，父親將兒子所有的自製玩具扔到泥堆裡攪和起來！當父親回頭的時候，兒子已站在他身後，瞪著憤怒的眼睛。父親有些羞愧，溫和地撫摩兒子的臉蛋，吞吞吐吐道：「我……哦，是因為，只有砸爛較差的，我們才能創造更好的。」

10年之後，父親和兒子的作品多次同獲國內外大獎。

成功的人往往都是一些不那麼「安分守己」的人，他們絕對不會因取得一些小小的成績而沾沾自喜，眼前那點小成就會阻礙你繼續前行的腳步。每一個渴望出人頭地的人都要謹記：只有不斷砸爛較差的，你才能完全沒有包袱，創造出更好的，走上成功的殿堂。

進取心是一種極為珍貴的美德，它能促使一個人做他自己應該做的事，而不是在被動的狀態下接受任務。德國教育學家赫爾巴特說：「這個世界願對一件事情贈予大獎，包括金錢和榮譽，那就是『進取心』。」

所謂進取心，是指為人在世，應當不斷地發展自己，不斷地豐富自己。在眼界上，努力獲取新的知識，思考新的問題；在事業上，努力爭取年年有發展和增長。換句話說，不滿足於現狀，不斷否定自己，不斷超越自己，不斷給自己樹立新的目標。

簡單地說，進取心就是主動地去做應該做的事情，而不是等待別人的吩咐。僅次於主動去做應該做的事情的人，就是當有人告訴他該怎麼做時，立刻去做。更次等的人，只在被人從後面踢一腳時，才會去做他應該做的事。這種人大半輩子都在辛苦工作，卻又抱怨運氣不佳。最後還有更糟的一種人，這種人根本不會去做他應該做的事，即使有人跑過來向他示範該怎樣做，並留下來陪著他做，他也不會去做。他大部分時間都在失業中，因此，易遭人輕視，除非他有位有錢的老爸。但如果是這種情形，命運之神會拿著一根大木棍躲在街頭拐角處，耐心地等待著。

75 真正的進步是比別人進步得更快

當一個人的進取心達到不可遏止的時候，他的成功便會具有必然性。

拿破崙．希爾認為：「進取心是一個成功人士首先必須具備的品質。」

當一個人失去進取心時，他周圍的一切都將失去光澤。進取心猶如罐子裡的火藥，隨著罐中火藥數量的增加，它離引爆點也越來越近，最終將以一次巨大的爆炸釋放自身的能量。所以，30幾歲的年輕人一定要時刻保持一顆進取心，這樣才能在成功的路上越走越遠。

讓我們先來看一個故事：

一個農夫頭一年存了十兩銀子，買了一頭牛，他計畫第二年埋頭苦幹，賺一百兩銀子，再買十頭牛，那樣，他就可以開辦一個小型養牛場了。第二年，他果然賺到一百兩銀子了，可是，牛也大幅度漲價了，一百兩銀子連半頭牛都買不到了。

這個故事告訴我們，所謂的「現狀」是不存在的，整個世界是在不斷向前發展的。你停下來，別人仍在前進；你前進，別人比你前進得更快。要想在激烈的角逐中佔據主動，就應當比別人跑得更快。

每天當太陽剛剛升起，隔夜的露珠還沒有消失時，羚羊、狼群、獅子，還有其他大草原的動物們就已經開始了一天的奔跑。最先跑起來的是羚羊。牠們成群結隊地跑過平緩的山崗，找到水源，在短暫的休息之後又開始新的奔跑。就在牠們不遠的地方，也許就在附近的草叢裡，狼群也在奔跑。牠們的奔跑是為了羚羊。當狼群開始奔跑的時候，獅子也開始了奔跑。牠必須趕在狼群之前找到一日的早餐，否則，今天可能又是一個忍饑挨餓的日子。

這是每天發生在大草原上的一幕，每天都在上演的奔跑比賽。沒有任何外在的力量在導演這一切。牠們奔跑完全是來自內心的驅使——要嘛生存，要嘛死亡。

「讓自己跑起來」是自然界恆久不變的生存法則。看完上面一則簡單的生物寓言，我們就會明白在職場上為了生存，人們也必須像大草原上的動物一樣，要「讓自己跑起來」。

社會像是一個永不閉館的競技場，每天都在進行著淘汰賽。就像草原上每天都要上演的追逐賽一樣，只有「讓自己跑起來」才能生存，也只有跑起來的動物才能獲得比同類更好的生存環境，不管是主動攻擊的動物還是被攻擊的動物。

在當今社會，被動是很容易被淘汰的，一個人要擺脫社會的生存危機，使自己不被優勝劣汰的自然規律所打敗，就要善於尋找自己能力上的突破點，快速地突破停滯，讓自己盡快地優秀起來，不斷進步，只有這樣才能讓自己保持持續的競爭力。

*A*公司是一家中型的廣告公司，設計部是兩男一女的格局。平日裡，三個人總是能夠在繁忙的工作中找到偷閒的機會。例如，聊聊電視劇，或者是商場裡最新的打折資訊等等，就這樣，三個人也過得優哉游哉。

一天，老闆領著一個稚氣未退的男孩走進了他們的辦公室，向他們介紹他們設計部的新同事，應屆大學畢業生*Lin*。

*Lin*來到設計部上班，就像每個新人一樣默默無聞、勤勤懇懇地工作著。早上，「元老」們還沒到，*Lin*就開始打掃辦公室。設計部有很多需要跑腿的活兒，以前設計部的人都不情不願的，「三個和尚沒水喝」，總是以猜拳的方式來選擇誰是那個「倒楣蛋」。但是現在，不用

言語，Lin早就揣起文件，送往有關部門。而當Lin跑前跑後的時候，「元老」們按照「慣例」，又將話題扯到美國佔領伊拉克的焦點新聞上去了。每當下班的時候，「元老」們都會迫不及待地奔出公司，而Lin則毫無怨言地收拾著遍地狼藉的辦公室。「元老」們還打趣說：「新人嘛！」

沒多久，老總開會說設計部是公司的重心，要適當擴充，還要選出一個設計部部長。涉及各自的前途，平時人浮於事的那幾個老職員，漸漸地收斂了許多，都想在老總面前留個好印象，以贏得升遷的機會。然而，不久，人選已經張貼在辦公室外的公佈欄了，是Lin後來居上了。

判斷自己是在進步，還是「明進暗退」，不能老和自己的過去以及不如自己的人相比，而是應當和最優秀的人和進步最快的人相比。假如每一個競爭對手都用9秒跑完100米，你雖然比過去加速了，但你花了10秒，你仍然是最落後的一個。這就要求我們要樹立一定的危機意識，一定要比別人進步得更快才能在未來的競爭社會中佔據主動。

76 時刻保持危機感

當今社會，一切均在不斷的發展變化之中，而且發展變化的速度在不斷加快。扎實的專業基礎和較強的學習能力已成為時代的必然要求。有必要樹立終身學習的觀念，不斷給自己「鍍金」，這樣才能適應社會發展需求，應對未來的挑戰。

我們所賴以生存的知識、技能和車子、房子一樣，會隨著歲月的流逝不斷折舊。美國職業專家指出，現在職業半衰期越來越短，所有高薪者若不學習，無需*5*年就會變成低薪。當*10*個人中只有*1*個人擁有電腦初級證書時，他的優勢是明顯的；而當*10*個人中已有*9*個人擁有同一種證書時，那麼原來的優勢便不復存在。

只有我們透過學習超越以往的表現，我們才能夠得到發展。反之，如果我們沉溺在對昔日以及現在表現的自滿中，學習以及適應能力的發展便會受到阻礙。工作如逆水行舟，不進則退，不管你曾經多麼成功，你都要對職業生涯的成長不斷投注精力，如果不這麼做，你的工作自然無法有所突破，甚至會慘遭淘汰。

在某個鐘錶廠，有一位工作非常賣力的工人，他的任務就是在生產線上給手錶裝配零件。這件事他一做就是*10*年，操作非常熟練，而且很少出過差錯，幾乎每年的優秀員工獎都屬於他。

可是後來企業新投資了一套完全由電腦操作的自動化生產線，許多工作都改由機器來完成，結果他失去了工作。他本來學歷就不高，在這10年中又沒有掌握其他技術，對於電腦更是一竅不通，一下子，他從優秀員工變成了多餘的人。

在他離開工廠的時候，廠長先是對他多年的工作態度讚揚了一番，然後誠懇地對他說：「其實引進新設備的計畫我在幾年前就告訴你們了，目的就是想讓你們有個心理準備，去學習一下新技術和新設備的操作方法。你看和你做同樣工作的某某人不僅自學了電腦，還找來了新設備的說明書進行研究，現在他已經是車間主任了，我並不是沒有給你時間和機會，但你都放棄了。」

從這個故事中我們可以得到一些啟悟：新設備、新技術、新方法能幫助企業提高幾倍速的工作效率，這種更新換代是誰也阻止不了的。如果你不注意更新自己的知識，甚至停止學習，那麼最終你只能被淘汰。

在風雲變幻的職場中，善於創新、充滿活力的新人或者經驗豐富的業內資深人士不斷地湧進你所在的行業或公司，你每天都在與幾百萬人競爭，因此你必須不斷提升自己的價值。

皮特·詹姆斯是美國ABC晚間新聞的當紅主播。在此之前，他曾一度毅然辭去人人稱羨的主播職位，到新聞的第一線去磨練自己。他做過記者，擔任過美國電視網駐中東的特派員，後來又成為歐洲地區的特派員。經過這些歷練後，他重新回到ABC主播台的位置。而此時的他，已由一個初出茅廬的略微有點生澀的小夥子，成長為成熟穩健又廣受歡迎的主播兼記者。

皮特．詹姆斯最讓人欽佩的地方在於，當他已經是同行中的優秀者時，他沒有自滿，而是選擇了繼續學習，使自己的事業再攀高峰。

一位成功的人無論自己處於職業生涯的哪個階段，都會時刻保持危機感，把不斷學習當成自己的一項重要習慣。因為他們清楚自己的知識對於所服務的機構而言是很有價值的，正因為如此，他必須好好自我監督，不能讓自己的技能落在時代後頭。因此，當你的工作進展順利的時候，要加倍地努力學習；當工作進展得不順利、不能達到工作崗位的要求，那你更要加緊自己學習的進度，否則下一個被淘汰的就將是你。

77 爭取每一次進修的機會

許多白領，尤其是20幾歲，在職場中工作穩定的人，上班來人，下班走人，不思上進。但也有些職場新人，迫於工作的壓力，朝九晚五，忙忙碌碌，無暇再去顧及他事。這兩種人其實都是浪費了大好時光，本可以用公司的財力物力充實自己，比如去接受新技術的培訓、參加講座、參加同行會議等。而公司也是肯掏這個腰包的，因為進修不僅可以提高員工的素質，也會擴大公司員工的交際範圍，這些都是公司的無形資產，是一件兩全其美的事。

某公司的女秘書小麗，平時的工作就是整理文件、接聽電話，總也沒有長進。這時公司要實行電腦化管理，需要派人去進行培訓，公司的其他同仁都千方百計想理由推辭，這時小麗卻主動請纓要求去參加學習。不久小麗學成回來，立刻成了這一方面的權威，不再是人人都能支使的小秘書，同時她的履歷表上又多了一項新技能，為她今後另謀高就打下了良好的基礎。

像例子裡的小麗一樣，短時間辛苦，換來一技傍身，這才是聰明人打的算盤，再加上用的是公司的錢、公司的時間，更是划算得不得了。

再如某公司要派人去參加同行的年度會議，因這一類會議內容枯燥無味、沉悶冗長，使得眾員工望而卻步、退避三舍，令公司老闆傷透了腦筋。這時員工小文主動提出去參加會議，眾人都笑他傻到家了。但是小文自己又怎麼想呢？他認為這類會議雖沉悶，但正是同行人士的一大聚會，趁這個機會，多結交一些同行，多聯絡一下感情，這對充實自己的關係網是大有裨益的。

例子裡的小文絕對是聰明的。有的老闆根本不懂這些情況，而且也不關心，這時就要你主動去打探哪裡有這類會議，時間地點內容俱全，才能去向上級提出參加會議的要求，以公司的名義委派出去。再有一類情況是老闆雖然內行，但是個吝嗇鬼，口水都磨乾了，還是不肯掏腰包。這時你就要從大局考慮，如果這次會議對你的前途、你的關係網真的那麼重要，那就是自己掏腰包也要去，這才叫深謀遠慮，才叫有戰略眼光。更有一類研討會是在國外召開，老闆考慮到經費，通常是很難批准的。這時自己不妨想開點，向老闆聲明自出旅費，這樣出一次國既長了見識，又學到了許多在工作中學不到的東西，豈不更好。

一個人學到的技能說不定在什麼時候就會派上用場，而且你學到的知識不是任何人的，也不是公司的，而是你謀生的本錢。當你的知識增長了時，你還會覺得自己的工作不夠好嗎？覺得自己不被重用嗎？

主動爭取進修的機會，每一次都會帶來不小的收穫，既增長見識，又累積了經驗。學習，在工作中是百利而無一害的，能夠抓住一切機會提升自己的人，任何一家公司都歡迎。

一般的公司都會有教育開支和科研開支，只是需要你具有正當的理由加以利用。所以，30幾歲在職場中安安穩穩的人，一定要記得，長江後浪推前浪，如果你不想被新進的20幾歲的年輕員工超越，那麼就要主動爭取進修的機會，學習技能。

78 制定更高的目標

人的能力是可以無限延展的，要用「未來式」看待能力，而不是「現在進行式」。假設你的能力可以達到10，而你在設定目標時只定在9或是8，以此來確保自己一定能夠達到目標。長此以往，你確實是可以達到預期的目標了，可是能力卻止步不前，甚至會倒退：長久不去做完成10這個標準的目標，久而久之也就消磨了原本能夠達到10的那些能力。

反過來想，如果你的能力是10，你在設立目標時總是比10高，而且付出更多的努力去達成，那麼你今後的目標就可以越來越有挑戰性，你的能力隨著目標的升高而提高，你自然會逐漸進步。

日本企業家稻盛和夫先生，就是利用為自己指定更高的目標這種方法，取得了更加輝煌的成就。

京瓷公司剛成立初期，最開始生產的產品是提供給松下電子工業的用於電視機映像管上的絕緣零件。為了讓公司擺脫只生產單一產品的經營危險，稻盛決定開拓業務範圍。

他多次向東芝、日立等大型電子企業進行宣傳，稱京瓷擁有高新技術，能夠生產新型陶瓷絕緣產品。稻盛的這個辦法並沒有奏效，因為這些大企業都有長期合作的陶瓷廠家，況且，京瓷當時還是一家名不見經傳的小企業，大企業的工程師們，誰也不放心把訂單交給稻盛。

於是，這些工程師們就會問：「既然你們有這種新型陶瓷的製作技術，那麼這樣的產品你們可以嗎？」他們給出的都是其他陶瓷廠家不肯接受的高難度、高要求的產品訂單。稻盛面對這些訂單都十分肯定地回答：「我們可以！」

他的做法讓京瓷的員工們感到十分費解，明明是不可能做到的事情，為什麼要接下這樣的訂單？

稻盛自己也很清楚，以京瓷當時的技術實力確實不太可能完成這些訂單的高難度要求。但是，如果說做不出來，京瓷從此就不會再有大客戶，企業的前途堪憂；既然答應能做，就必須做出來，否則得到的也將是永遠失去這些客戶的結果。

京瓷當時既沒有相關經驗，更沒有技術和設備。員工們反問稻盛：「連設備都沒有，怎麼可能做得了？」

稻盛鼓勵他們說：「沒有設備，我們可以去買二手設備來用；就技術來說，我們確實是難以勝任，但這是現在的情況；只要我們肯努力，只要我們全心付出，在未來，我們一定能夠達到目標！打起精神來，加油吧！」

定下高目標，再不遺餘力地去為之拚搏，京瓷的技術就這樣一步一步提高起來，知名度也因此而不斷提升，從而成就了京瓷的「世界一流」夢想。

指定更高的目標確實是一個提高能力的好辦法，根據自己現在的能力，大膽設想未來某一時間點的能力，始終把跨欄設定在比自己現有能力高兩三成的高度，定下目標之後，就全力以赴，不達目標絕不放棄。

當然，目標並非定得越高越好，目標遠大也要有一定限度，如果目標太過遙遠，會令自己望而生畏，失敗次數多了勢必會影響內心的激情，兩三成的高度也許是比較合適的。這樣的目標既能夠避免絕對失敗帶來的消極影響，又能夠促使自己努力奮進、不斷進步，進而朝著更高的目標循序漸進地進發。

把遠期目標定得適當高一些，然後將遠期目標分解成一個一個可以分階段完成的小目標，每當完成一個小目標的時候，就增加了一份成功的信心，也就離成功更近了。

79 做攀登型人才

如果說生命是一座令人敬畏的高山，能登頂的人是人生最大的贏家，那麼，唯有不斷攀爬，我們才能步步為營，把對手甩在身後，取得更突出的成就。

日本勵志作家清水克彥提倡年輕人過一種「攀登型」的生活。他說：「所謂『攀登』，眾所周知是指爬山，不僅僅是登上山頂，更重要的是在攀登的過程中親近自然，享受沿途的風景。另一方面，為了鍛鍊身體和自身的健康，我們需要登上不止一座的山峰。」

30幾歲的人，往往在工作和生活中都到達了一個瓶頸期，比起20幾歲年輕人的衝勁，他們彷彿多了一絲老態，停止了對生命之山的攀爬，每日固步不前的守望自己平淡的生活。殊不知，這是對生命的浪費。

我們來看看清水克彥是如何在生命中不斷攀爬的：

清水克彥進入廣播電臺後，因為想當記者，所以希望能進入紀錄片製作組。但實際上被分配到的部門卻是面向年輕人的娛樂節目製作組。雖然從某種意義上來講娛樂節目製作組也是不錯的地方，但這和他夢想的紀錄片組還是相差甚遠。雖然他在娛樂節目製作組有些迷茫，但是很快，每天都能接觸到各種偶像明星、有名的藝人，也讓在這裡的工作變得有意思起來。

正當他快要漸漸沉湎於現狀的時候，偶爾會產生類似於「等一下，我最初想做的是什麼工作來著」這樣的疑問。也就是說，清水克彥剛進入公司時的決心已經在不知不覺中開始動搖了。

在很長一段時間中，清水克彥的內心一直在掙扎。「反正這樣也挺輕鬆愉快的，一直這樣下去也很好啊」，「不行，做搞笑訪談不是我的本意，還是回到原點重新開始吧……」他像許多人一樣，不清楚自己到底應該維持現狀還是堅持最初的夢想，但經過再三地思考之後，最終還是決定選擇勇敢地攀登理想中那座山峰。

儘管當時他所從事的是面向年輕人的娛樂節目製作，但也會時常找一些體育選手或文化人做嘉賓，做成有紀錄片感覺的特別節目；另外他還大膽嘗試做了一些反映有關翹課、校園暴力、性犯罪等社會現實問題的節目。但是，畢竟因為不是報導部也不是體育部，所以能做的話題還是很有限的。他作為製作監督，一直努力嘗試在一定範圍之內盡可能地去挑戰高峰。

在工作之餘，清水克彥依然嚴格要求自己，努力拚搏，積極參與圍繞政治、經濟、時事等主題開展的各種交流會。並且還找外師學習英語，為將來的工作打好語言基礎。最終，清水克彥發現，比起製作面向年輕人的節目，果然還是紀錄片組和新聞群組更加適合自己。

雖然有過糾結和妥協，但最終，清水克彥還是朝著自己嚮往的那座山峰不停攀爬。

也許有人會覺得，享受現在的安穩遠遠比去攀爬不知能否登頂的高山來得輕鬆，但是，一旦你體會到了那種成長的充實感，你付出的所有努力就都不會那麼辛苦了。

日本企業家三木谷浩史先生曾經說過一句讓年輕人心悸的話：「人類只有兩種類型，一種是無論用什麼手段都要達成目的的人；另一種是滿足於現狀，覺得做到現在這樣就可以的人。」35歲之前，你不妨好好問問自己，你是要做一個為了夢想而努力奮鬥的人，還是甘願做一個每天過著重複生活的默默無為之輩。

80 給夢想增加幾分迫切感

你的抱負和夢想，是怎麼化為灰燼的？是拖延，如果你打算用你的白日夢和你從沒按時履行過的計畫表來實現夢想，等待你的只有生命的損耗和機會的擦肩而過。當拖延成為你的習慣時，超越別人將是遙遙無期的事情。

「明天，明天，還有明天」，很多人總是在這樣的自我安慰中度過了一個又一個今天，殊不知，時間滔滔不息地奔赴終點，當你把今天應該完成的事拖到明天去做時，這個「明天」

會把你的生命無限拖延，直到墳墓。

李明大學畢業，做過很多工作，但每個工作都沒做足三個月，原因是李明自小有一個拖拉的壞習慣，做什麼事也是今天推明天，明天推後天，推來推去什麼事也沒做成。就拿當初考大學來說，要不是他媽媽天天逼著讀書，恐怕至今他還在補習班呢！就因為這個毛病，李明求過職的很多公司都辭退了他，誰也不願和一個「三天打魚，兩天曬網」、辦事拖拖拉拉的人共事。

不久，李明又去一家公司求職，這家公司也覺得李明有市場企劃的才能，決定經試用後再錄用他。巧的是這家公司也讓他用半個月的時間做個市場企劃。這次李明記取了上次的教訓，決心改掉自己辦事拖延的壞毛病，他決定用一週時間做市場調查，用5天時間寫出規劃，3天時間進行修改。這樣，不到15天就能完成工作任務。開始幾天李明不辭辛苦地奔波於各大市場進行調查，但，沒堅持幾天，他拖延的老毛病又犯了，10天過去了卻還沒動筆寫，一天經理要看他寫的市場企劃，他推託還不到交稿時間。經理見離交稿時間只有3天了，李明還沒出成稿，覺得他辦事拖延，對工作極不認真，就對他說：「你也不用寫了，從明天起你就不用來上班了。」這家公司又因為李明辦事拖延把他給解雇了。

或者目前你還沒遇到李明這樣的境況，但是或許你有過這樣一種經歷：清晨，鬧鐘把你從睡夢中叫醒，想著自己所制訂的計畫，同時卻感受著被窩裡的溫暖，一邊對自己說「該起床了」，一邊又不斷地給自己尋找藉口「再等一會兒」。於是，在忐忑不安之中，又躺了*5*分鐘，甚至*10*分鐘。

類似的情況我們在生活中經常會遇到，如果哪天你把一天的時間記錄一下，會驚訝地發現，「拖延耗掉了我們很多的時間」。很多情況下，拖延是因為人的惰性在作怪，每當自己要付出勞動時，或做出抉擇時，我們總會為自己找出一些藉口，總想讓自己輕鬆些、舒服些。有的人能在瞬間果斷地戰勝惰性，積極主動地面對挑戰；而有的人卻深陷於「激戰」的泥潭，自己被主動性和惰性拉來拉去，不知所措，無法定奪……

其實拖延就是縱容惰性，也就是給了惰性機會，如果形成習慣，它會很容易消磨人的意志，使你對自己越來越失去信心，懷疑自己的毅力，懷疑自己的目標，甚至會使自己的性格變得猶豫不決，養成一種辦事拖拉的作風。

當然，有時拖延是因為考慮過多、猶豫不決造成的。比如，有一方案即使在會議上已經通過，經理還在考慮萬一員工有意見怎麼辦，萬一上司有看法怎麼辦，非要再拖幾天才去實施，諸如此類的事情每一天都在我們的身邊發生。

適當的謹慎是必要的，但謹慎過頭就是優柔寡斷，更何況很多像早上起床這樣的事是沒必要進行任何考慮的，所以，我們要想盡一切辦法不去拖延，而不是想盡一切藉口去拖延。絕不要讓「我是不是可以等一等」的念頭控制自己。

愛默生曾說：「緊驅他的四輪車到別的星球上去的人，倒比在泥濘的道上追蹤蝸牛行跡的人，更容易達到他的目標！」當你準備把今天的事情放到明天去做時，你應該想想到底有多少明天在等著你，到底有多少機會在等著你，今天的太陽明天還會升起嗎？

30多歲的人已經沒有拖延的本錢和時間了，為你的夢想增加幾分迫切感吧！改掉拖延的毛病，你不妨採取以下幾種方法：

1．為自己規定一個期限，但你不要暗地裡規定一個期限，這樣很容易被人忽視。要讓其他人都知道你的期限，並且期望你能如期完成。

2．勇敢揭開自己的傷疤。你可能想減肥、戒菸、學習一門技術，與好久沒聯繫的朋友重新聯繫，可是你在猶豫，遲遲不能開始你的行動。因為你認識不到問題的嚴重性。對美食的依賴會令你發胖，愛人可能會因此另尋新歡；吸菸令你的肺黑得像煤炭一樣，並使你早早死於肺癌；能力的欠缺讓你沒有養家餬口的本領，朋友也會疏遠你，你會成為一個孤立的人，最後鬱鬱而終。

所有這些，只是因為你現在拖延，你的誓言如同垃圾一樣。所以你應該在紙上寫下你要做的事，把最嚴重的後果寫出來，而不是寫些無關痛癢的東西。

3．不要等到萬事俱備以後才去做，永遠沒有絕對完美的事。

4．認真審視一下自己的生活。假設你今生今世還有6個月的時間，你還會做自己目前所做的事情嗎？如果不會的話，你最好盡快調整自己的生活，現在就去做你覺得最緊迫的事情。為什麼？因為相對而言，你的時間是很有限的。在時間的長河中，30年和6個月是相差不多的。你的全部生命只不過是短暫的一瞬間，因而在任何方面拖延時間都毫無道理。

5．在拖延的時候懲罰自己。例如你今天還是沒有按時起床，那麼你應該狠狠抽一下自己的臉或是用力扔掉你的鬧鐘。如果你沒能按時完成你的既定工作，那麼就取消一頓豐盛的午餐或晚餐作為懲罰。當你能夠自動而不拖延地做事時，你就不會像驢和馬一樣，在別人的鞭策和命令下生活。

6．不要再使用「希望」、「但願」、「或許」等詞，因為這些詞會促使你拖延時間。每當你發覺自己的話裡又出現這幾個詞時，就應該改變自己的話。例如，你應該：

將「我希望事情會得到解決」改為「我要努力解決這件事」；

將「但願我心情會好一些」改為「我要做些事情，保持心情愉快」；

將「或許問題不大」改為「我要保證沒有問題」。

明日復明日，明日何其多，在時間的河流中，我們永遠不要因為拖延而將自己的人生之船擱淺，時間永遠不會等著你的下一步行動，你一旦停下來，再邁步時踏上的很可能是毀滅的開端。

81 承認自己的無知

一隻蝴蝶與一隻蒼蠅同時落在桌子上一本打開的書上，這是一本哲學書。

蝴蝶指著打開的書說：「看看吧，上面是這麼寫的：一隻蝴蝶在大洋的另一邊搧動翅膀，可能會引起美國氣候的改變。看到沒有，可以引起美國氣候的改變，以前我不知道自己有這個能力，沒想到我是這麼的厲害。現在我還怕什麼人類，我只消輕輕地搧動一下我的翅膀，哈哈，他們就會被吹到九霄雲外……」

「可是，可是，你以前吹走過人嗎？」蒼蠅打斷他的話。

「那是因為我以前不知道，也沒有試過，不自信。現在我很有自信，讓我們去找個人試試，我要打敗人類，我們蝴蝶要統治世界。哈哈……」蝴蝶狂笑著。

這時，一隻蜘蛛出現了，蒼蠅看到後飛了起來，叫蝴蝶：「快逃跑啊，有蜘蛛！」

蝴蝶很傲慢地看了蜘蛛一眼：「哼！我要打敗人類，一隻小小蜘蛛能拿我怎麼樣？正好拿你做試驗，看我不把你搧到世界的盡頭去！」

蝴蝶不但不飛走，反而搧動著翅膀非常自信地向蜘蛛走去，結果被黏在蜘蛛網上，看著蜘蛛一步步向牠靠近……

蒼蠅嘆了口氣，飛走了。

風輕輕地吹進書房，哲學書翻到了下一頁……

自負的蝴蝶終於付出了慘重的代價，原以為自己很渺小的蝴蝶竟然在看了一本哲學書後斷送了自己的性命，這不能不說是蝴蝶的咎由自取。試想，若蝴蝶對哲學書不斷章取義，若蝴蝶能夠聽得進蒼蠅的勸阻，至少，牠不會如此輕易地提前結束活著的旅程。

文學家王爾德說：「人們把自己想得太偉大時，正足以顯示本身的渺小。」「人外有人，天外有天」，誰也不是常勝將軍。自負者沉浸於虛無的勝利幻想中，他們常常因為一次的成功就自我滿足，眼前顯現的永遠是早已逝去的鮮花與掌聲。他們把別人給予他們的榮譽看作是理所當然的，不能靜下心來想一想如今自己都做了些什麼，又都收穫了什麼。自負者總認為曾經的成功能長久，總認為別人一直會甘拜下風。所以，他們自視清高、目中無人，更有甚者非但自己不思進取，還肆意嘲諷別人的努力，最終導致了心理的扭曲。

自負者總是過高地估計自己的能力，覺得在這個世界上，唯我最大，一副不知天高地厚的架勢，以顯示自己偉大的魄力和氣度。事實上越偉大的人越會謙卑待人。

有人問蘇格拉底是不是生來就是超人，他回答說：「我並不是什麼超人，我和平常人一樣。有一點不同的是，我知道自己無知。」這就是一種謙卑。無怪乎，古羅馬政治家和哲學家西塞羅會說：「沒有什麼能比謙虛和容忍更適合一位偉人。」歌德曾說過：一個目光敏銳、見識深刻的人，倘若又能承認自己有局限性，那他就離完人不遠了。芸芸眾生之中，能夠達到或者接近「完人」境界的人，少之又少。人，最難的就是有自知之明，清楚明白地知道自己的缺點、敢於承認自己的缺點，不是一件容易的事。

正所謂「知人者智，自知者明」，想要成為一個明智的人，不是隨隨便便就能做到的。正確地認識自己難，清楚地認識自己的缺點更難。老話說：金無足赤，人無完人。我們身上都有優點，也都有缺點。面對缺點，既不能自以為是、無視缺點的存在；也不能畏縮不前，被缺點束縛住手腳。擺正心態，用一顆平和寬廣的心去發現缺點，並努力去克服、去彌補，唯有這樣，個人才能進步，社會才能發展。

下面這個「知識圓圈」的故事，雖然講的是有知與無知的問題，但是從中也可以悟出小成就和大成功的關係。

芝諾是古希臘的著名哲學家。一次在他講解關於宇宙與人生的關係時，一位學生站起來向他提問：「老師，您的知識比我的知識多許多倍，您對問題的回答又十分正確，可是您為什麼總是對自己的解答有疑問呢？」

芝諾笑了笑，用舌頭舔了舔右手食指，而後在在桌上畫了一大一小兩個圓圈，並指著這兩個圓圈說：「大圓圈的面積是我的知識，小圓圈的面積是你們的知識。我的知識比你們多。這兩個圓圈的外面就是你們和我無知的部分。大圓圈的周長比小圓圈長，因此，我接觸的無知的範圍也比你們多。這就是我為什麼常常懷疑自己的原因。」

一個人的成功就好比一個圓圈，圓圈裡面是已經獲得的成就，圓圈外面是未曾取得的成就。你已經獲得的成就越多，圓圈就越大，你未曾達成的成就也就越多。也許這就是小成就和大成功之間的關係吧！

真正的大人物是那種成就了不平凡的事業卻仍然像平凡人一樣生活著的人。他們從來都是虛懷若谷的，他們不會因為自己腰纏萬貫而盛氣凌人，他們從來不會見人就喋喋不休地訴說自己是如何成功和發跡的，他們也從不痛恨自己的同仁是「居心叵測之人」，他們只是「不以物喜，不以己悲」，平和地做著自己該做的事情。而35歲前的年輕人，也許會有對未來的憧憬，也許會有對夢想的渴望，也許你在學校裡有著不俗的成績，也許你的家庭背景很顯赫。但是，千萬不要因此就覺得自己了不起，也不要去幻想著有一天可以成為偉大人物。把每天當作是一個新的開始，過好平凡的每一天，走好腳下的每一步，這樣才會一步步向成功靠近，最終走向成功。

82 時刻保持危機感

智者曾多次告訴人們：要時刻保持危機意識。就像那句流傳在海員中的俗語所說：「水手和死亡的間隔，只有一塊甲板的距離。」危機越遠，越容易讓人產生懈怠。曾經有這樣的一個實驗，把青蛙丟進滾燙的沸水中，牠一下就跳了出來；但是，如果把牠放進溫度舒適的溫水中，牠不但沒有跳出來，反而在水中悠然自得的游起泳來，將水慢慢加熱，青蛙渾然不覺，最後被活生生地燙死。

很多企業也是如此，新創立的公司面臨設備、資金、客戶、市場等各方面的危機，總是能夠抱著時時刻刻戰戰兢兢、時時刻刻如履薄冰的態度，不斷去創新、提升、拓展。然而，當公司發展到一定規模，有了高級的設備、充裕的資金和穩定的市場之後，反而喪失了在危機下做事的那種拚勁和幹勁，沒有了力爭上游的積極態度和對工作的高度熱忱，這才是最大的危機。

許多成功者都認為危機意識不可少。比爾．蓋茲曾經說過：「我們離破產永遠只有*90*天。」許多知名大型企業都在增強危機意識方面下了工夫。

世界上最大的航空製造公司——著名的波音公司，為了增強員工的危機意識，別出心裁地攝製了一部模擬公司倒閉的電視片。

這部片子的主要內容是：

在一個天空昏暗的日子裡，波音公司一派頹廢景象，廠房高處掛著一個牌子，上面寫著刺眼的大字「廠房出售」；擴音器中傳來帶著悲痛的聲音：「今天是波音公司時代的終結，波音公司已關閉了最後一個廠房。」員工們一個個垂頭喪氣地離開了工廠。波音公司將這部電視片在員工當中反覆播放，員工們都受到了巨大的震撼，激起了公司上下的危機感。員工們在危機意識的推動下，不斷開拓創新，使波音公司一直走在世界前列。

波音公司的這個做法告訴我們，企業也好，作為個體的人也好，要想不被打垮、永遠立於不敗之地，就必須時刻保持危機意識，居安思危、防患於未然。

如果連危機意識都沒有了，那麼危機就會像潮水一樣鋪天蓋地地向你襲來。危機並不可怕，只要準備充分、調整好心態、應對得當，危機也會變成轉機；絲毫沒有危機意識，才是最大的危機。

日本著名企業家稻盛和夫先生在一次講座中談到了「危機」這個話題。

稻盛說：「在豪華巨輪上的乘客和在簡陋船板上的人，對危機的想法難免會有不同。但是，如果沒有憂患意識，危機卻不會對他們區別對待。」

在殘酷的市場競爭中，如何能夠使企業保持發展力、如何能夠規避那些威脅企業的暗礁，稻盛有自己的原則和做法。

「我做事的原則就是，在晴天修屋頂，永遠不等到雨天。不論市場如何變化，我都堅持在企業中儲備一定的現金。有了雄厚的累積，再遇到危機，我都有體力支持下去，找到機會，轉危為安。」

稻盛先生的做法，其實就是中國古語中常說的「未雨綢繆」。時刻保持危機意識就會迎來「生機」，沒有危機意識就會面臨「殺機」。

其實，不論是國家、企業還是個人，未雨綢繆、保持危機意識，都是規避危機的最好方法。國家如果沒有危機意識，那麼這個國家在世界舞臺上將難以得到重視；如果一個企業沒有危機意識，那麼這個企業在經濟全球化的浪潮中，如何經得起一次又一次的挑戰呢？如果一個人沒有危機意識，也將變得不堪一擊。

職場生活

01	公司就是我的家	王寶瑩	定價：240元
02	改變一生的156個小習慣	憨氏	定價：230元
03	職場新人教戰手冊	魏一龍	定價：240元
04	面試聖經	Rock Forward	定價：350元
05	世界頂級CEO的商道智慧	葉光森 劉紅強	定價：280元
06	在公司這些事，沒有人會教你	魏成晉	定價：230元
07	上學時不知，畢業後要懂	賈 宇	定價：260元
08	在公司這樣做討人喜歡	大川修一	定價：250元
09	一流人絕不做二流事	陳宏威	定價：260元
10	聰明女孩的職場聖經	李娜	定價： 220元
11	像貓一樣生活，像狗一樣工作	任悅	定價：320元
12	小業務創大財富一直銷致富	鄭鴻	定價：240元
13	跑業務的第一本Sales Key	趙建國	定價：240元
14	直銷寓言	鄭鴻	定價：240元
15	日本經營之神松下幸之助的經營智慧	大川修一	定價：220元
16	世界推銷大師實戰實錄	大川修一	定價：240元
17	上班那檔事--職場中的讀心術	劉鵬飛	定價：280元
18	一切成功始於銷售	鄭鴻	定價：240元
19	職來職往--如何找份好工作	耿文國	定價：250元
20	世界上最偉大的推銷員	曼尼斯	定價：240元
21	畢業5年決定你一生的成敗	賈司丁	定價：260元
22	我富有，因爲我這麼做	張俊杰	定價：260元
23	搞定自己 搞定別人	張家名	定價：260元
24	銷售攻心術	王擁軍	定價：220元
25	給大學生的10項建議： 祖克柏創業心得分享	張樂	定價：300元
26	給菁英的24堂心理課	李娜	定價：280元
27	20幾歲定好位；30幾歲有地位	姜文波	定價：280元

國家圖書館出版品預行編目資料

20 幾歲定好位；30 幾歲有地位 / 姜文波 著

一 版. -- 臺北市 :廣達文化, 2014.2

; 公分. -- （文經閣）（職場生活：27）

ISBN 978-957-713-542-1 (平裝)

1. 成功法　2. 生活指導

177.2　　102026388

20幾歲定好位
30幾歲有地位

榮譽出版：文經閣

叢書別：職場生活 27

作者：姜文波 著
出版者：廣達文化事業有限公司
Quanta Association Cultural Enterprises Co. Ltd
發行所：臺北市信義區中坡南路 287 號 4 樓
電話：27283588　傳真：27264126　　E-mail：*siraviko@seed.net.tw*

印　刷：卡樂印刷排版公司　　裝　訂：秉成裝訂有限公司

代理行銷：創智文化有限公司
23674 新北市土城區忠承路 89 號 6 樓　電話：02-2268-3489　傳真：02-2269-6560

CVS 代理：美璟文化有限公司
電話：02-27239968　傳真：27239668

一版一刷：2014 年 2 月

定　價：280 元

書山有路勤為徑
學海無崖苦作舟

文經閣

書山有路勤為徑

學海無崖苦作舟

文經閣